글로벌 미디어로
읽 는 세 계

글로벌 미디어로 읽는 세계

채영길
이지연
이채문
김태식
이은별
백승훈
김수원
오종진

국제 관계를
꿰뚫어 보는
미디어 리터러시

초록비책공방

차 례

4

글로벌 시대의 국제 뉴스

채영길(한국외국어대학교 미디어커뮤니케이션학과 교수)

국제 뉴스와 국내 뉴스의 기준

★   국제 뉴스와 국내 뉴스는 보도된 뉴스의 발생지와 뉴스를 보도하는 매체의 국적을 기준으로 구분한다.

뉴스의 발생지를 기준으로 할 경우 특정 사건이나 사고, 이슈가 국가의 주권 영역이 아닌 그 바깥에서 발생하면 국제 뉴스가 된다. 이 기준으로 보면 국내 언론사가 해외 특파원이나 통신원 등을 통해 현지 사건이나 사고를 보도할 경우에는 국제 뉴스가 되지만 해외 언론이 우리나라에서 발생한 사건·사고를 보도한 것은 국제 뉴스라고 보기 어렵다.

국제 뉴스와 국내 뉴스를 구분하는 또 다른 기준은 뉴스를 보도하거나 생산하는 매체의 국적이다. 뉴스 생산과 보도 주체가 국외라면 국내의 사건·사고 또는 이슈를 보도하더라도 이는 국제 뉴스가 된다. 이에 따라 국내 주재 해외 언론사가 우리나라에 대한 보도를 국제 사회를 대상으로 하는 경우 국제 뉴스가 될 수 있다.

이렇게 뉴스 발생지와 생산 주체를 두 가지 기준에서 보면, 해외에서 발생한 사건·사고 또는 국제 사회를 대상으로 해외 매체들이 생산한 뉴스를 국제 뉴스라고 할 수 있다.

뉴스의 발생지와 생산 주체라는 기준 모두 뉴스의 영토적 경계Territorial boundary가 주요하게 고려된다. 영토 주권의 경계 내부에서 발생한 사건과 사고는 국내 뉴스가 되며, 그 영토 경계 밖에서 생산된 뉴스는 국제 뉴스가 되는 것이다.

하지만 오늘날 정치·경제·사회·문화 등의 글로벌화 Globalization와 미디어 기업의 글로벌화는 이러한 영토적 경계를 모호하게 만들고 있다. 특히 지구적 차원에서 정치·경제·사회·문화의 중심적인 지역의 사건과 사고, 정보와 이슈들은 다른 지역의 정치·경제·사회·문화에 예전보다 더 큰 영향을 미치면서 국내 이슈처럼 보도되고 있다. 대표적으로 미국의 금리, 주식, 경제 소식은 국내 주요 경제 뉴스의 일부로 다루어지고, 코로나19와 같은 팬데믹이나 기후 변화와 같은 글로벌 이슈 또한 국제 뉴스와 국내 뉴스의 범주를 넘어서 지구적 차원의 관심 영역에 속한다. 이렇듯 전 세계 시민들이 타국이나 타지역의 문제로 인식하지 않고 자신들의 문제로 여기는 사건이나 이슈가 증가함에 따라 국외에서 발생한 뉴스라고 하더라도 그 중요성과 심리적 근접성은 국내 뉴스와 큰 차이가 없게 되었다.

이슈의 발생지를 기준으로 하는 국제 뉴스 개념도 모호해지고 있지만 글로벌 미디어들의 지역화*Localization* 전략의 다변화도 뉴스 매체의 영토적 경계에 의한 국제 뉴스의 개념을 흐리게 한다. 글로벌 미디어 기업들의 한국어 뉴스 서비스는 국제 공중❏이 아닌 국내 뉴스 소비자들을 대상으로 하며, 로컬 시장에서의 영향력을 확대하기 위해 지역을 거점으로 해당 지역의 공중들을 위한 특화된 뉴스 취재와 보도를 하기도 한다.

이처럼 글로벌화 시대에 영토적 경계는 더 이상 국제 뉴스와 국내 뉴스를 구분하는 뚜렷한 기준이 되지 못하고 있다. 그리고 이러한 탈영토적 현상은 지구화의 정도와 연관되어 가속화될 것으로 보인다.

❏ 공중은 사회 내 개별적인 자유로운 시민들의 집단 주체를 의미한다. 개별 시민은 사인(私人: private person)으로서 권리와 책임을 갖고 있으며 공중 역시 해당 사회 내에서 집단적 공적 주체로서의 권리와 책무를 갖는다. 이에 반해 대중은 시민들의 우연적이고 일시적 군집 상태를 의미한다.

우크라이나 전쟁과 이란의 여성 인권 운동을 게시한 SNS(출처: https://twitter.com/
stwithukrainetw(좌), https://www.youtube.com/shorts/ZFciq4EwkBk(우))

네트워크 미디어와 국제 뉴스

★   모바일과 소셜 미디어의 대중화는 기존 미디어 기
업들이 독점해 오던 국제 뉴스의 생산과 유통 과정에 일반
인들의 참여를 가능하게 했다. 유튜브, 인스타그램, 페이스
북, X(舊 트위터) 등의 소셜미디어가 기존 미디어를 대신해 다
양한 지역에서 발생하는 이슈와 정보, 뉴스들의 생산과 유통
경로에서 점차 중요한 역할을 하게 된 것이다.

과거에 사람들은 미디어 기업이 제공하는 정보와 뉴스를

수용하고 이를 바탕으로 의견을 형성하며 자신의 입장을 결정했다. 다시 말해 언론사가 특정 국가나 지역에서 발생한 사건과 사고를 보도하면 시청자들은 그 뉴스를 통해 해당 국가에 대한 이미지, 이슈의 내용과 성격, 그 국가와 지역의 외교 정책에 대해 의견을 가졌지만 유튜브, 인스타그램, 페이스북, X 등 SNS 플랫폼 이용자들이 자신들이 거주하는 지역과 사회 또는 국가에 대한 이야기와 사진, 동영상을 제작해 공유하게 되면서 자국의 이용자들뿐 아니라 다양한 국적의 해외 공중과도 소통하게 된 것이다. 의도하든 의도하지 않든 이 과정은 기존 미디어 기업들이 전적으로 수행하던 해외 지역에 대한 여론 형성의 역할을 미디어 이용자들과 그들이 맺고 있는 온라인 네트워크도 함께 수행하는 효과를 낳았다.

최근의 우크라이나 전쟁에서는 우크라이나 시민들이 개별적으로 경험하고 있는 전쟁의 참사를 담은 사진과 동영상들을 SNS에 올리면서 국제 사회에서 우크라이나에 대한 군사적·인도적 지원을 지지하는 여론이 형성되는 데 크게 기여했다. 이란에서 마사 아미니라는 쿠르드족 여성이 히잡을 부적절하게 착용했다는 혐의로 경찰에 강제 구금된 후 의문사하면서 촉발된 반정부 시위 또한 X와 유튜브를 통해 전 세계의 지지를 받으면서 이란은 국제 사회에서 외교적 압박을 받았다.

이제는 해외 언론사를 통하지 않고 자신이 거주하는 지역과 사회에 대한 정보와 뉴스를 공유하는 행위를 통해서 전 세계에 호소하고 국제 사회의 여론을 조성할 수 있는 시대다. 이전의 전통적 매스 미디어 시대와는 확연히 다른 네트워크화된 개인들*Networked Individuals*의 미디어 시대를 지나고 있다. X의 해시태그 트랜딩 순위를 올리거나 유튜브 조회 수를 올리는 것만으로도 특정 국가와 지역에 대한 국제 뉴스가 될 수 있는 것이다.

이에 따라 기존의 미디어 기업들도 SNS 플랫폼에 관심을 가지기 시작했으며, 이를 국제 뉴스의 주요 정보원이자 뉴스 생산자로 인식하고 있다. 국제 분쟁이 발생하거나 해외에서 심각한 재난이나 사건이 발생할 경우 국내 언론들은 즉각 SNS 플랫폼에서 해외 이용자들의 동향이나 이들이 직접 올리는 이미지와 영상들을 취재해 보도하고 있다. 더 나아가 해외 언론사들이 보도하지 않았으나 뉴스 가치가 있다고 판단한 이슈를 발굴해 기사화하기도 한다. 이처럼 세계는 하나가 되고 있고, 미디어 기술과 이용 방식의 급변에 따라 영토적 경계를 기준으로 한 국제 뉴스에 대한 인식과 국제 뉴스의 뉴스 가치, 개념에도 변화가 생겼다.

글로벌 시대 공중과 뉴스 가치

★   뉴스는 대개 국가 영토 내 공중을 대상으로 생산되고 공유되며, 영토적 개념에 따른 국제 뉴스 역시 국내 시민을 염두에 둔다. 그렇기 때문에 뉴스는 국가 영토 내 공중들이 국제적 차원에서 관심을 가져야 할, 또는 관심을 가질 만한 이슈와 정보를 다룬다. 이때 뉴스를 결정짓는 것은 '국제 뉴스로서의 가치News value'가 있느냐 없느냐에 따른다.

통상 뉴스 가치로 시의성, 인간적 흥미, 근접성, 저명성, 갈등성, 유용성, 일탈성 등을 드는데, 이는 국제 뉴스에도 그대로 적용된다. 특히 영토적 개념에서의 뉴스 가치는 지정학적 근접성Geo-political Proximity이 가장 중요하게 고려된다. 예를 들어 우리나라의 경우 한국의 정치·경제적 안보에 직간접적으로 영향을 주는 국제 관계에 관련한 국가와 지역들이 국제 뉴스의 주요 발생지가 된다. 그래서 미국, 중국, 일본에서 발생하는 사건과 사고, 이슈들이 다른 국가들의 그것보다 더 자주 보도되는 것이다.

이러한 지정학적 근접성에 의존한 국제 뉴스는 영토적 개념에 한정한 일국적 공중National Public만을 염두에 두었을 때는 타당하다. 하지만 정치와 경제뿐 아니라 안보와 환경, 인권, 재난 등의 이슈들이 특정 국가와 지역에 한정되지 않고 상호 긴밀하게 연결되어있는 초연결 시대에는 다른 차원의 공중들을 고려한 국제 뉴스가 생산되어야 한다. 자국의 뉴스는 이미 SNS를 통해 다른 나라의 이용자들에게 노출되고 있다. 또한 국내 뉴스가 해외 이용자나 국내에 거주하는 이주민들의 개별적인 선호에 따라 번역, 가공, 유통하면서 초국적 공중으로서 공론의 공간이 만들어지고 있다. 이처럼 오늘날 공중의 범주는 한 국가에 귀속된 일국적 공중이 아니라 언제든지 국가를 넘어서는 초국적 공중*Transnational Public*과 전 세계적 차원에서 소통하는 글로벌 공중*Global Public*을 염두에 두어야 한다.

실제로 기후 변화와 같은 글로벌 이슈는 특정 국가의 공중이 아니라 초국적 더 나아가 글로벌 공중이 알 권리이다. 국내 언론들은 자국의 환경과 재난 뉴스가 인접 국가나 지구촌 전체가 알 필요가 있다고 판단되면 해외 공중들을 대상으로 유통시킬 필요가 있으며, 이는 해외 언론들 역시 마찬가지다. 자국 내에서 진행되고 있는 원자력발전소나 화석연료발전소 건설 문제, 과도한 오염 물질 생산과 유출 문제, 개발을 위한 자연 파괴 문제 등은 국내 뉴스이지만, 국제 뉴스로 인식해 제작하고 초국적 공중과 글로벌 공중과 공유해야 하는 것이다. 비단 환경 이슈뿐만이 아니다. 여성이나 소수자 인권과 같은 보편적 가치의 보호 및 증진, 초국적 또는 글로벌 공중들의 수입과 소비에 직접적 영향을 줄 수 있는 경제, 정치, 사회적 이슈도 국내 공중에 한정하지 말고 해외 공중들을 인식해 이들에게 전달될 수 있는 방식으로 제작되어야 한다. 이러한 이슈의 편재성*Ubiquity*과 보편성*Universality*, 글로벌 연관성*Global Relevance* 등이 국제 뉴스의 뉴스 가치로 고려될 수 있는 것이다.

일국적 공중을 주 대상으로 하고 영토적 경계를 기준으로 개념화된 국제 뉴스는 국가 경계를 넘나드는 이용자들의 관심과 그들이 알아야 할 정보에 대한 알 권리를 충족시키는 데 한계가 있을 뿐만 아니라 국제적 차원에서 논의되어야 할 이슈들을 제한한다. 오늘날 지구화된 세계에서 일국적 차원의 공론장은 글로벌 이슈와 문제를 논의하는 데 적합하지 않으며 이미 국가 경계를 초월해 뉴스와 정보를 이용하고 공유하는 초국적이고 글로벌한 공중들의 미디어 양태와도 상당한 괴리가 있다.

국제 뉴스의 역할

★   국제 뉴스는 국내 뉴스와 달리 언론의 고유한 역할을 부여받고 있다. 국제 뉴스는 국제 사회에 보도 대상 국가의

현실에 대한 정보를 제공하는 역할을 한다. 즉 글로벌 미디어 기업을 제외한 대부분의 뉴스 매체는 국내 사건·사고 및 이슈를 뉴스화해 보도하기 때문에 타 국가 또는 지역을 간접적으로 경험하게 하는 '세계를 보는 창'의 역할을 하는 것이다.

국민 다수가 타 국가나 지역을 직접 경험하는 것은 거의 불가능하다. 따라서 뉴스 매체가 전하는 국제 뉴스는 국민이 해당 국가와 지역에 대한 지식과 이미지를 형성하는 데 큰 영향을 미친다. 실제로 우리는 어떤 국가를 직접 경험하지 않아도 그 국가에 대해 매우 분명한 인식과 태도를 갖곤 한다. 이는 상당 부분 국제 뉴스가 전하는 그 국가에 관한 논조에 영향을 받았을 가능성이 크다. 그만큼 국제 뉴스는 국민이 특정 국가와 지역에 대한 태도와 인식을 형성하는 데 중요한 역할을 한다.

이와 더불어 국제 뉴스는 국제 관계에 자국의 정치·경제·외교·안보적 이익을 위한 전략을 세우는 데도 유의미한 영향력을 미칠 수 있다. 자국의 이익과 직간접적인 관계를 맺는 국가와 지역 또는 이슈에 대해 국제 뉴스가 어떠한 관점과 입장으로 보도하는가에 따라서 국내 공중들은 국가의 대외 정책에 대해 찬성 또는 반대 의견을 형성하게 된다. 국민은 국제 뉴스가 제공하는 국제 관계와 질서에 대한 이해를 바탕으로 해당 국가의 안전과 번영을 위한 외교 및 통상 정책에 대한 여론을 형성하고, 정부는 이러한 공중의 의견을 반영해 정책의 정당성을 갖추는 것이다. 결론적으로 지구적 차원에서 심화되고 있는 정치·경제·사회·문화적 관계의 글로벌화에 따라 국제 뉴스는 과거 어느 때보다도 국가의 안보와 번영 및 국민의 안위를 보호하고 증진하는 데 중요한 역할을 한다고 할 수 있다.

이와 관련해 최근 미디어 커뮤니케이션 인프라가 발달한 국가들은 국제 뉴스의 외교적 역할에 주목해 미디어를 통한 공공외교Public Diplomacy, 미디어 외교Media Diplomacy에 대한 투자를 늘리고 있다. 공공외교는 자국의 국가적 목표와 정책뿐 아니라 사상과 이상, 제도와 문화에 대한 이해를 증진시키기 위해 정부가 다른 나라의 대중과 소통하는 과정을 일컫는다. 미디어 외교는 이러한 공공외교에 다양한 미디어 커뮤니케이션 과정이 개입되면서 해외 공중과 의사소통을 통해 외교적 관계를 변화시키고자 하는 체계적인 커뮤니케이션 전략이라고 할 수 있다.

국제 뉴스는 해외 공중과 소통할 수 있는 일종의 외교 창구로서 자국이 의도하고 기획한 대외 정책의 메시지와 해당 국가의 이미지를 전달할 수 있는 메신저의 역할을 할 수 있다. 이를 위해 정부는 해외 기자를 자국에 초청하는 연수 프로그램을 시행하거나 해외 공중을 대상으로 외국어로 보도되는 뉴스 매체를 직접 운영하기도 한다.

국제 뉴스는 글로벌 사회의 구성원으로서 세계 시민의 책임과 역할을 파악하고 형성하게 하는 정보와 지식을 제공한다. 또한 초국적 기구와 국제 관계의 책임과 역할이 무엇이 되어야 하는지에 대한 공론의 장을 제공한다.

초국적 글로벌 공론장은 특정 지역과 지구적 차원의 이슈와 의제들을 논의할 수 있는 공간이다. 과거의 국제 뉴스가 자국의 이익과 안보를 위한 뉴스를 주로 생산했다면 오늘날의 국제 뉴스는 국가를 넘어 국제 및 지구적 차원으로 사회적 책임의 범위와 수준을 확대할 것을 요청받고 있다. 하지만 현실적으로 뉴스 미디어가 자국의 이익과 안보를 우선 고려하는 자국가·자민족 중심주의를 넘어서기는 어려우므로 국제 뉴스의 생산과 유통에 해당 국가와 사회의 특별한 관심과 투자가 요구된다.

우리나라의 국제 뉴스 보도 경향◘

★　　국내 기자들은 국제 뉴스에 대해 우리나라 사람들은 '국제 뉴스에 대한 관심이 대단히 낮다'고 생각하거나 '한국과 관련성이 없고 체감도가 높지 않은 내용일 경우 국제 뉴스를 굳이 찾아보지 않을 것'이라고 믿는 경향이 있다.[1] 과연 그럴까? 우리나라 국제 뉴스 보도 경향을 살펴보면 오히려 우리나라 기자들은 국제 뉴스에 대한 관행적인 보도를 해 오고 있다는 것을 알 수 있다.

국제 뉴스는 국제적 사건과 이슈의 보도를 통해 자국의 공중을 위한 지정학적 정보와 지식을 고양하고, 국제 사회에서 취해야 할 여론을 형성하는 역할을 한다. 따라서 주요 언론사의 국제 뉴스 경향을 이해하는 것은 곧 해당 사회의 국제 관계에 대한 담론과 대외 정책의 특성을 파악하는 데 도움이 된다.

국내 언론의 국제 뉴스 보도 경향은 몇 가지 뚜렷하고 반복적이며 지속적인 문제적 편향성을 갖고 있다. 그리고 이러

◘　이 부분은 본 저자의 논문 "채영길, 이종혁(2022).《국제 뉴스에서 국가별 보도 빈도와 보도 태도에 대한 차이 탐색: 감성 사전과 인공 신경망을 연계한 '하이브리드 감성 분석'을 통해》정치 커뮤니케이션 연구, 65: 5-64"에서 국내 국제 뉴스 보도의 경향을 정리한 부분을 참조했다.

한 편향성은 국제 사회에서의 선진-후진국과 관련한 위계적 위상에 대한 인식을 반영하는 경향이 있다. 하지만 국제 질서의 위상에 따른 국제 뉴스 보도는 복잡하고 다양한 국제 관계를 왜곡할 뿐만 아니라 국내 뉴스 이용자에게 해당 지역과 국가에 대한 오해를 유발할 수 있다.

기존 연구들에 의하면 우리나라 언론은 지난 30년간 국제 보도에 큰 변화가 없는 관행적인 보도를 이어오고 있다. 국내 언론사들이 국제 뉴스를 두 가지 척도에 근거해 매우 단순하면서도 위계적인 방식으로 '차별적'인 보도를 해 오고 있다는 의미이다.

두 가지 척도 중 첫 번째는 국제적 차원에서의 사회·경제적 위상이다. 예상하듯 우리나라 언론사들은 북미와 서유럽 등 서구 선진국을 다른 어떤 지역과 국가보다 빈번하게 다루어왔다. 서구 선진국은 국제 사회에서의 정치·경제 및 군사적 권력을 지배적으로 조직하고 있다는 측면에서 뉴스 가치가 상대적으로 더 높다고 할 수 있다.

하지만 국내 언론이 이들 서구 선진국에 대한 뉴스를 보도할 때는 사회 경제적, 정치 문화적 중요성을 고려하기보다 사적이고 흥미를 자극하는 단순 사건을 선택한 비중도 매우 높다. 이는 뉴스 가치가 낮더라도 중심 국가라는 '국가 가치'를 보도의 기준으로 삼고 있다는 것을 보여준다. 특히 미국과 유럽에 대한 보도에서는 유명인과 전문가에 대한 인간적 흥미와 관련된 이슈를 매우 높은 비중으로 다루고 있다. 이는 국내 언론의 서구 선진국에 대한 보도가 사회·경제적 권력과 국제 사회에서의 역할을 고려하기보다 '원초적인 차별적 관행'에 의존한다는 우려를 낳게 한다.

실제로 우리 언론은 동남아시아, 동유럽, 남아메리카의 주요 국가에 대해서는 거의 보도하지 않거나 큰 사건이 발생했을 때 서구 통신사에 의존해 보도하는 경향을 보인다. 인도, 튀르키예, 이란, 사우디아라비아, 브라질, 말레이시아, 인도네시아 등은 국제적 관점에서도 중견국의 위치를 점하고 있지만 이들에 대한 국내 언론의 관심은 매우 부족한 편이다.

박지훈·이진(2012)은 국내 언론사들이 비서구를 서구의 시선으로 차별적으로 묘사하는 '오리엔탈리즘'이 내재되어 있다고 비판하며 "제3세계에 관한 기존 재현 패턴에 대한 비판적인 고찰"(p.118)의 필요성을 제기하기도 했다. 즉 국내 언론들은 국제 뉴스를 보도하는 데 지정학적 중요성이라는 명분으로 오리엔탈리즘이라는 차별적 관행을 지속적으로 유지하고 있다는 것이다.

국내 언론의 국제 뉴스 보도에서 편향성을 낳는 두 번째 척도는 지정학적 근접성이다. 첫 번째 기준이 관행적이라면 이는 의식적 선택의 성격을 갖는다. 우리나라와 지리적·지정학적 관련성이 높은 미국, 중국, 러시아, 일본은 국내 뉴스 보도에서 중요하게 다루어진다. 이는 이들 국가와 정치·경제·사회·문화·역사 등 다양한 이슈에서 국가적 이익이 연관되어있기 때문이다.[2] 특히 우리나라와 북한의 긴장 관계는 이들 국가들의 지정학적 이해와 직간접적으로 연결되어있어 한반도와 관련한 국제 뉴스는 수시로 인용·보도되며 국내 뉴스의 맥락에서 재해석되기도 한다.

또한 국제 뉴스에서 한반도의 국제 관계와 안전에 영향을 주는 주요 국가들의 국제 및 국내 정세 뉴스는 국제 뉴스로서의 가치가 높기에 지정학적 관련국들은 국내 국제 뉴스의 대부분을 차지한다. 최근 미국과 중국의 경제·통상·외교·안보와 관련한 이슈에 대해 국내 언론이 매우 민감하게 반응하며 집중 보도하는 것은 바로 이 때문이다. 하지만 국제 뉴스에 나타나는 이러한 편향성 요인들은 우리 공중이 전 세계 다양한 국가와 지역에 대해 정확한 정보를 습득하고 의견을 형성할 가능성을 매우 낮추고 있다.

국내 언론의 국제 보도가 보여주는 세 번째 편향성은 특정 국가와 지역에 대한 태도의 문제와 관련된다. 이 또한 해당 국가의 국제 사회에서의 선진-후진국과 관련한 위계적 위상에 대한 인식을 반영하고 있다. 예를 들어 국내 뉴스 미디어의 외신 인용 보도의 경향과 문제를 분석한 연구에 따르면,

우리나라 언론이 보도하는 국제 뉴스는 편향된 시선에 의해 왜곡되어있다. 실제로 북미, 남미, 아시아, 유럽, 중동 등 해당 지역 전문가들은 한국 언론사들은 대체로 서구 외신의 논조를 그대로 전달하는 경우가 많으며 비서구, 비선진국에 대해서는 부정적 보도가 압도적으로 많다고 비판한다.

한 지역 전문가는 "인도 관련 보도는 성폭행이, 중국 관련 보도는 비윤리적 범죄가, 중동 지역 관련 보도는 분쟁과 폭동이, 아프리카 국가 관련 보도는 기아·재난에 관한 내용이 압도적으로 많다."라고 평가했다.[3] 즉 한국과 해당 국가 간 긴밀함과 우호성의 정도와는 상관없이 비서구의 중심 국가가 아닌 경우 준주변 또는 주변 국가로 열등화시키고 부정적 이미지를 강화하는 경향이 있다는 것이다.

한편 우리나라 국제 뉴스의 주요한 경향 중 하나는 국제 뉴스도 정파적인 경향을 갖는다는 것이다. 국내 뉴스 못지않게 국제 뉴스도 정치, 경제, 사회 등 영역과 마찬가지로 언론사의 이념적 영향에서 자유롭지 못하다.[4] 국제 뉴스는 우리나라의 대외 정책 및 국제 관계에 영향을 주는 국가와 지역의 정치, 경제, 사회, 문화 등의 뉴스를 다루기 때문에 뉴스의 선택과 취재 및 보도에 이념적 지향이 반영되는 것은 충분히 예상되는 바이다.

사실 국제 뉴스는 전통적으로 이념에 기초한 국가 간 관계와 그에 의한 국제 질서의 긴장 관계를 투영하는 상징적 각축장이다. 특히 북한은 우리나라와 이념적으로 대치하는 특수 관계이기 때문에 북한 관련 뉴스는 매우 민감하게 취급되며, 언론사별 이념적 차이에 따라 그 보도에서도 명확한 차이를 드러내고 있다. 예를 들면 북한-러시아 회담에 대해 〈한겨레신문〉은 국제 사회 및 한반도 평화 측면에서 강조한 반면, 보수 언론인 〈동아일보〉는 북한-러시아 회담의 정치적 의미를 축소하고 경제와 군사적 긴장을 고조시킬 것으로 평가했다(반현, 2019).

저명한 국제 뉴스 연구자인 엔트먼*Entman, 1991*에 따르면 국제적 사건이 발생하거나 국가 간 긴장과 갈등 상황에서 언론은 중립적이거나 객관적 입장을 벗어나 국가 안보와 이익을 우선적으로 고려하는 보도를 한다. 게다가 국제 방송 *International Broadcasting*은 전형적으로 국제 뉴스를 통한 국가 이념과 외교적 목표를 실현시키는 효과적인 수단으로 인식되어왔다. 이러한 국제 뉴스의 이념적 경향은 국제 사회가 첨예하게 대립했던 냉전 시기에는 더욱 분명했을 뿐 아니라 당연한 것으로 인식되었다.

더 나아가 국제 질서는 이념적 경계선에 따라 수평적으로 배열되는 것이 아니라 이념과 국제 권력의 위계질서에 따라 수직적이고 편향적으로 나누어지므로 국제 질서에서 주변화된 국가들은 국제 뉴스를 보도하는 데 있어 중심국, 즉 미국과 유럽 등 서구 선진국의 보도 내용에 의존하는 경향을 보일 뿐 아니라 자국과 비슷하거나 열등한 국가에 대한 뉴스는 매우 취약하고 동시에 중심국의 관점에 좌우되기까지 한다. 이는 국제 뉴스가 보도하는 지역을 국제 질서에서 중심부에 있는 국가에 집중하게 하고 주변국이나 준주변국에 대해서는 거의 관심을 두지 않게 하며 해당 지역에 대한 호감의 정도 역시 이러한 위계적 질서에 비례한다는 것을 보여준다.

이러한 국제 뉴스의 이념적 성격은 국가 간 권력 관계의 변화에 따라 그 성격도 변화해 왔으며 국제 뉴스를 보도하는 주요 지역과 해당 지역에 대한 관점 역시 달라져 왔다. 예를 들면 냉전 시기에는 미국과 소련을 중심으로 하는 동서 진영의 국제 관계에 따라 국제 뉴스를 보도하는 지역과 보도 태도가 결정되어 친서방 미국과 서유럽 중심의 국제 뉴스가 지배적이었을 뿐만 아니라 뉴스 가치도 높았다. 동서 냉전이 와해되고 미국 중심의 헤게모니 체제로 가는 과정에서는 오히려 강화되기까지 했다.

미국 중심의 헤게모니가 완성된 이후에는 테러리즘과 중국의 부상에 따라 국제 뉴스의 보도 양상이 변화하고 있다. 최종환·김성해(2021)의 연구에 의하면 탈냉전 시기 테러리즘이 주요 국제 질서의 헤게모니를 좌우하는 이념으로 대체되었는데, 이는 곧 미국의 이익과 가치를 중심으로 하는 국제 관계의 안정과 유지를 의미하는 것이었다. 그런데 냉전 이후 최근까지 악의 축으로 규정된 북한과 이에 우호적인 중국에 대한 견제가 국제 뉴스에 있어서 국제 질서의 불안정을 자극하는 정치적 담론을 양산하게 했다. 실제로 국내 언론은 "중국이 북한 정권 살릴 궁리와 미국에 대한 비판만 하고 있다."[5]와 같은 중국 책임론을 빈번히 보도하면서 미국의 중국에 대한 불신과 견제라는 정책적 담론을 투영했다.

미국과 중국에 대한 보도 태도는 동아시아 지역의 지정학적 긴장 관계가 미국과 중국의 갈등 구도 속에서 첨예화되면서 국내 언론들의 정치적 이념 차이에 따라 명확한 차이를 나타내고 있다(김춘식·채영길·백강희, 2021). 특히 보수 언론은 미국을 중심의 시각으로 국제 질서를 불안하게 하는 중국에 대해 부정적인 보도를 하는 경향을 보인다.

예를 들어 〈조선일보〉는 중국에 대해서는 군사적 폐쇄성과 사회적 빈부격차와 불안정성을 강조하고, 중국인에 대해서도 소외와 불소통을 강조하는 경향이 있다.[6] 한·일 간 현안인 위안부 보도에 있어서도 국내 언론사의 이념적 차이에 따라 갈등의 진단, 원인, 대안 등에서 차이를 보인다.[7] 〈한겨레신문〉은 위안부 문제와 관련해 일본의 책임 회피를 많이 보도하는 반면 〈조선일보〉는 문제 해결을 위해 미래 지향적으로 나아가자는 주장을 많이 보도했다. 즉 지금의 우리 언론은 국제 뉴스를 국내 정치 바라보듯이 자사의 정파성에 따라 이념적 시각에서 사건을 선택하고 해석해 대중에게 전달하는 것이다.

중국 지역 전문가들은 한국 언론이 이념적 성향에 따라 보도하기 때문에 국제 정세에 대한 객관적 보도에 실패하고 있다고 비판한다. 동아시아 지역은 중국과 미국이라는 새로운 신냉전적 권력이 대립하고 있을 뿐만 아니라 러시아와 미국이라는 전통적 냉전적 패권 권력이 상존하는 긴장 지역이다. 이는 이 지역의 국가 간 관계가 국제적 차원의 기존 질서 및 이념적 긴장과 변화에 매우 민감하게 반응하게 한다. 구냉전과 신냉전의 전선인 러시아와 중국은 전통적 자본주의적 자유주의 국가가 아니라는 점에서 이 지역의 국제 관계에서 정치적 이념의 영향력이 더욱 두드러진다.

특히 우리나라를 중심으로 하는 미국, 중국, 러시아, 일본은 저마다의 패권을 추구하면서 전략적 동맹을 치열하게 전개하고 있고, 우리나라 정권의 이념적 성격은 이 국가들의 이념적 성격과 궤를 같이하면서 대외 정책도 유동적으로 변화하고 있다. 이런 상황에서 국내 언론 역시 그들의 이념적 지향에 따라 정부 정책과 연동된 국제 관계에 대한 담론을 자기만의 관점으로 만들어내고 있다.

지금까지 살펴본 바로는 우리나라 국제 뉴스는 지정학적 편향성, 선진 편향적 위계성, 오리엔탈리즘 등의 문화적 편향성, 이념적 정파성, 서구 매체에 대한 정보 의존성 등의 경향을 보이고 있다. 또한 지정학적으로 근접한 몇몇 국가에 편중된 보도를 하거나 서구 선진국의 관점이 투영된 보도로 해당 매체의 이념적 지향을 반영한다고 할 수 있다.

이러한 문제들은 단순히 뉴스 보도의 관행적인 생산 방식에 기인하는 것이 아니라 국내 언론사들의 조직 구조와 문화 때문이기도 하다. 특파원이나 현지 정보원을 통해 국제 뉴스를 생산하려면 많은 비용이 든다. 대형 언론사는 이를 감당할 수 있지만 중소 또는 영세한 언론사들은 해외 지사나 특파원을 운영하면서까지 전문적인 국제 뉴스를 생산하기 어렵다. 더군다나 최근에는 뉴스 미디어 기업 간 경쟁 심화와 구독 및 시청률 하락으로 경영 여건이 그다지 좋지 못해 대형 언론사마저도 해외 특파원과 지사를 축소하고 있다.

내부 조직의 슬림화와 역량의 저하는 전문적이고 다양한 국제 뉴스를 생산해 보도하기 어렵게 만들고 있다. 또한 대부분의 우리나라 언론사는 국제 뉴스를 주요한 뉴스 상품과 서비스로 인식하지 않으며 국내 뉴스에 부가된 부차적인 영역으로 다루는 경향이 크다. 최근에는 클릭 수를 늘리기 위해 흥미 위주의 선정적이고 자극적인 가십거리를 발굴해 기사화하면서 국제 뉴스를 한낱 언론사의 돈벌이 수단으로 취급하기도 한다. 정확하지 않거나 출처가 불분명한 뉴스, 심지어는 가짜 뉴스까지 종종 포털의 주요 해외 토픽으로 보도되기도 한다.

국제 뉴스의 재정립

★   세계는 우리나라가 국제 사회에서 정치, 경제, 사회, 문화, 군사, 안보 등 거의 모든 분야에서 중견 국가로서의 역할을 기대하고 있다.

실제로 우리나라는 지정학적 위치에 따라 국제 외교 안보에 매우 세심한 역할을 감당해야 하며, 주요 경제 선진국 중하나로서 안정적이고 상호 발전적인 경제 질서를 만들기 위해 경제 외교 역량을 발휘해야 한다. 또한 서구 중심의 사회및 문화적 관점과 인식을 개선시키기 위한 공공외교적 역할도 수행해야 한다. 이전과는 다른 차원에서 자국의 이익을 넘어 진일보한 국제 관계를 형성해야 할 책무도 고민해야 할 시점이다.

그렇지만 지금까지 살펴본 바에 따르면 우리나라의 국제뉴스는 여전히 일국적 영토 개념에 머물러 있으며 근대화 시기 서구 중심의 국제 관계에 대한 인식 속에서 편향적이고 피상적인 보도 경향을 보이고 있다. 글로벌화와 글로벌 미디어가 빠른 속도로 변화하는 시대에 이러한 보도 경향은 오히려 퇴행적이라는 인상마저 낳게 한다. 최근의 우크라이나 전쟁 보도에서 보듯이 국내 언론의 우크라이나 파견 취재와 보도는 매우 드물거나 피상적 수준이었으며, 서방 외신에 의존한 2차 취재가 대부분이었다. 그러한 기사마저도 우크라이나와 이 지역에 대한 역사 및 지정학적 맥락과 지식의 부족을 드러내곤 했다. 심지어 보수 언론은 우크라이나 전쟁에서도 정치적 이익을 위한 당파적인 편향성을 보였다.

이제 국제 뉴스의 재정립을 위한 뉴스 취재와 보도의 혁신을 더 이상 미룰 수 없다. 이미 국내 공중들은 영토적 경계에 얽매여 일국적 국가주의에 갇혀있지 않으며, 다양한 미디어 플랫폼을 경유하면서 지역을 넘어 글로벌 차원에서 세계 시민들과 교류하고 있다. 공중은 변화하고 있으나 정작 주요 뉴스 미디어 기업은 과거에 머물러 있는 형국이다. 만약 앞으로도 국내 언론들이 일국적 국가주의 차원에서 일국적 공중을 대상으로 국내 공론장에 스스로를 가둔다면 언론의 신뢰는 지금보다 더욱 악화될 수 있으며, 결국 언론으로서의 역할도 의문시될 가능성이 있다.

하지만 모든 책임을 언론에게 떠넘길 수는 없다. 우크라이나 전쟁 보도에서도 드러났듯이 정부의 언론에 대한 인식도 여전히 과거에 머물러 있기 때문이다.◘ 그러므로 더 늦기 전에 국내 언론들은 국제 뉴스의 재정립을 위해 국제 뉴스의 위상을 세우고 일국적 영토 개념을 초월해 글로벌한 공중을 대상으로 하는 탈영토적 국제 뉴스 보도와 서비스를 제공할 준비를 더 이상 미루어서는 안 될 것이다.

일선 기자들을 비롯해 경영진에 이르기까지 국제 뉴스에 대한 인식을 개선하고 적극적인 개선 방안을 강구하기 위한 국제 뉴스 교육과 훈련 프로그램들을 개발해야 한다. 이를 위해서는 많은 자원과 비용, 시간이 투입되어야 하기에 정부와 전문가들은 구체적인 실현 방안을 마련하고 뉴스 미디어 기업이 국제 뉴스를 재정립하는 데 직간접적인 지원을 할 필요가 있다. 그리고 국제 뉴스의 재정립을 위해 가장 중요한 것은 국내외 일반 공중과의 지속적인 소통을 통해 국제 뉴스의 내용과 형식 및 유통 플랫폼을 개발하며 무엇보다도 이 과정에서 뉴스 미디어 기업이 글로벌 공론장을 형성할 수 있어야 한다는 것이다.

◘   정부는 여권법의 '예외적 여권 사용 허가' 조항을 근거로 취재진의 우크라이나 입국을 불허했다. '예외적 여권 사용 허가' 조항은 "국외 위난상황(危難狀況)으로 인해 국민의 생명, 신체나 재산을 보호"를 명분으로 여권 사용을 제약하는 것이다. 정부는 이 조항으로 기자들의 우크라이나 입국을 불허하고 취재를 제한했다.

1장

우크라이나 전쟁과 루소포비아

Global Media
Literacy for
Global Citizen

이지연(한국외국어대학교 러시아연구소 HK 교수)

2022년 2월 24일 블라디미르 푸틴 러시아 대통령은 우크라이나에 대한 일명 '특별군사작전' 개시를 선언했다. 바로 그 며칠 전 나는 국제 정세의 불안과 임박한 러시아의 전쟁 가능성에 대한 예고 속에서 바닥이 어딘지도 모르게 떨어지고 있던 러시아펀드를 좀 더 샀다. 금융에는 문외한이지만 러시아 전공자로서 이번만큼은 확신이 있었다. 러시아의 우크라이나 침공이 목전에 이르렀다고 언론이 아무리 떠들어대도 절대 전쟁은 일어나지 않을 것이라 생각했기 때문이다.

러시아가 자국에 아무런 이익이 안 되는 일을 왜 저지르겠는가. 21세기 유럽 대륙에서 대규모 전면전이 말이 되는가. 러시아의 위협을 규탄하던 볼로디미르 젤렌스키 우크라이나 대통령조차 전쟁 발발 가능성에 대해서는 회의적이었다.

그런데 놀랍게도 전쟁은 시작되었고 이 글을 쓰는 지금도 여전히 진행 중이다. 러시아에 대한 경제 제재 가운데 러시아펀드는 아직도 거래 중지 상황이고 수익률은 차마 여기서 말하지 않겠다.

이제 러시아 국민이 아닌 이상 러시아를 지지하기는 어렵게 되었다. 그 어떤 나라에도, 어떤 이유에서건 무자비하게 타국의 영토를 파괴할 권리는 없으며 이에 대해서는 그 어떤 변론도 가능하지 않다. 우크라이나를 침공한 러시아의 입장을 조금이라도 이해할 수 있게 설명하고, 이번 전쟁이 전개되는 데 중요한 역할을 한 미국과 영국, 우크라이나의 미디어 전략을 폭로하며, 우리에게 거의 전해지지 않았던 러시아 및 제3세계 언론의 '다른' 보도를 조금이라도 소개하는 것이 이 글의 목적이지만, 이 글이 전쟁을 일으킨 러시아의 행위에 대한 옹호가 절대 아니라는 점은 분명히 밝혀둔다.

우크라이나 전쟁은
왜 일어났는가

★　　우크라이나 전쟁을 다루는 국내외 보도들은 너무 자주, 그리고 손쉽게 블라디미르 푸틴 러시아 대통령을 악마화한다. 그 기사에 달린 댓글에는 저주와 욕설마저 넘쳐난다. 러시아 국민에 대해서까지 모욕과 비난이 난무하다.

　그러나 러시아 국민들은 심지어 블라디미르 푸틴의 결정을 이해하고 이 전쟁이 우크라이나와 러시아의 전쟁이 아닌 미국에 맞서는 러시아의 투쟁이라고 굳게 믿고 있는 이들조차도 오늘의 러시아 현실을 슬퍼하고 우크라이나 친지들이 겪는 고통에 눈물을 흘린다. 갑작스레 들이닥친 역사의 파국에 당혹스러워하지만 그들은 어쩌면 우크라이나 전쟁은 소련이 해체되었을 때처럼 불가피한 것이었을지도 모른다고 느끼고 있다.

아무리 러시아 정부가 언론 통제를 한다고 해도 요즘 같은 세계화의 시대에 러시아인들이 아무것도 모른 채 블라디미르 푸틴 대통령에 환호하고 국가의 결정을 전적으로 지지할 리는 만무하다. 마찬가지로 모든 반정부적이고 진보적인 러시아 지식인들이 정부의 결정을 규탄하는 것도 아니다. 사회주의 유토피아 건설이라는 최종 목표를 향해 나아가는 하나의 과정으로 앞으로 도래할 찬란한 미래를 위해 조국의 소명에 늘 공감해 온 나이 지긋한 세대들은 때로 러시아의 자기 파괴적 결정을 이해하지 못하는 자녀 세대와 충돌하며 그저 전쟁이 끝나기만을 기다릴 뿐이다.

여전히 러시아인들의 블라디미르 푸틴 대통령에 대한 지지율은 높고 러시아가 취할 수 있는 어쩔 수 없는 선택이었다고 체념하는 분위기지만 부모와 자식은 물론 부부나 수십 년 지기 친구들마저도 전쟁에 관한 다른 의견으로 등을 돌리기도 한다. 러시아 사회는 조금씩 분열하고 있다.

청년들의 징병이 결정된 직후 러시아 국민들은 상황의 특수성을 이해해야 한다는 내적 명령과 국가의 당혹스러운 결정에 대한 분노 사이를 오갔다. 소련 해체 이후 러시아정교는 단순한 종교가 아닌 국가정체성으로 가공되었고 최근 10여 년 동안 새로 지어진 성당에서는 전쟁에서 죽어간 젊은 병사를 추모하는 위령제가 열리기도 한다. 서구의 황색 언론이 앞다투어 보도하는 블라디미르 푸틴의 부정부패, 여성 편력, 질병 의혹, 암살이니 쿠데타니 하는 선정적이고 자극적인 뉴스보다 어쩌면 현재 러시아 사회가 직면한 가장 큰 위기감은 바로 이러한 러시아 사회의 분열과 우울에서 느낄 수 있다.

러시아 전공자로서 봤을 때, 전쟁이 일어나기 직전 미국과 유럽의 행태는 사실 위선적으로 보였다. 나토NATO를 확장하지 않겠다는 약속을 어기고 러시아의 안보 이익에 직접적 위협을 가하는 그들의 도발은 무책임해 보이기까지 했다. 근대 국가의 주권은 분명 절대적이지만 고대 루시로부터 시작된 러시아와 우크라이나의 오랜 역사, 특히 우크라이나 동부와 러시아의 간단치 않은 관계와 '경계 지대'◑의 트랜스내셔널한 사정을 너무 간단히 재단해 버리는 가벼운 태도와 손쉬운 일반화가 마땅치 않았다. 동부 친러시아 지역에서 계속되어온 러시아어 사용자들이나 러시아계 주민들에 대한 배제와 억압의 이야기에 대해 유럽이 침묵한다는 사실에는 공포를 느끼기도 했다.

◑ '우크라이나'라는 명칭은 슬라브어로 '경계에', '가장자리에'를 의미한다.

처음 전쟁이 일어나고 러시아가 네오나치🔹 세력에게서 주민을 보호하는 것이 군사 작전의 목표라고 말할 때조차 그 이유를 제대로 설명해 주는 국내 언론 보도를 찾아보기 어려웠다. 심지어 러시아의 특별군사작전이 시작된 2022년 2월 24일 이전, 그러니까 2월 16일부터 며칠간 동부 친러시아 지역에 우크라이나 군의 엄청난 포격이 있었다는 사실을 러시아 전공자인 나조차도 당시에는 알지 못했다. 역설적으로 2월 16일은 '국민통합의 날'이라는 우크라이나 국경일이었다.

러시아인들은 지금도 빅토르 야누코비치 대통령을 축출하고 새로운 정부가 들어서는 계기가 된 2013년 우크라이나 유로마이단 시위가 미국 신보수주의자들을 등에 업은 우크라이나 친서방 세력의 작품이라고 여긴다. 2014년 2월 빅토르 야누코비치를 지지하는 크림반도의 친러시아계 주민들이 일으킨 시위는 자연히 유로마이단에 대한 반작용으로 이해되었고, 이는 빠른 속도로 크림반도를 러시아에 병합하기 위한 주민 투표로 이어졌다. 크림반도 주민의 시위가 러시아를 등에 업은 것이라는 비난에 러시아는 키예프에서의 유로마이단 뒤에는 미국이 있었던 것 아니냐고 반문한다.

🔹 자신들을 나치의 후계자라고 지칭하며 민족사회주의를 지향하는 사람들을 의미한다.

이러한 상황에서 역사적으로 뿌리 깊은 우크라이나의 동서 갈등은 더욱 심화되었고 급기야 당시 우크라이나 대통령 페트로 포로셴코는 2014년 12월 연설에서 노골적으로 다음과 같이 선언하기에 이른다.

　"우리는 일자리를 얻겠지만 동부에 사는 이들은 그렇지 못할 것이다. 우리는 연금을 받을 수 있겠지만 그들에겐 허락되지 않을 것이다. 우리 아이들은 교육받겠지만 그들의 아이들은 집구석에 처박혀있어야 할 것이다. 이것이 바로 우리가 이 전쟁에서 이길 수 있는 방법이다"

　이러한 차별은 누군가에겐 거대한 폭력이 되었다. 우크라이나어를 할 줄 모르는 우크라이나 동부 주민들에게 그들이 사용하는 러시아어 사용을 금하는 일은 사실상 그들의 존재에 대한 부정과 같았다. 이러한 갈등이 러시아의 크림반도 병합으로 전면화된 것은 사실이지만 국가(우크라이나 정부)가 자국민(우크라이나 동부 친러시아 지역 거주민)에 대해 행하는 명백한 테러리즘에 인권이나 평등 같은 서구의 전통적인 가치가 전혀 작동하지 않는다는 사실은 지극히 놀라운 일이었다.

　프랑스 저널리스트 앤-로렐 본넬이 우크라이나 돈바스 지역을 방문해 화면에 담은 동부 주민에 대한 테러리즘의 실상은 끔찍했다.[8] 그것은 그야말로 이미 8년 전에 시작되어 지금까지 지속되어온 '전쟁'이었다. 러시아에 대한 비판적인 작품을 연달아 발표했던 세르게이 로드니차 감독의 2018년 영화 〈돈바스〉는 우크라이나 내전의 또 다른 측면, 러시아의 지원을 등에 업은 저항 세력의 폭력을 포함해 그곳 사람들의 다양한 부조리한 일상을 만화경처럼 보여주기도 했다.[9] 그런데도 이렇게 복잡한 우크라이나 내전의 참상이 우리에게는 거의 알려지지 않았다. 2021년 11월 나토 가입이 불발된 이후 우크라이나 내부에서는 심심치 않게 러시아 침공설이 제기되었고 이는 동부 지역의 갈등을 더욱 심화하고 있던 터였다.

이번 전쟁의 가장 중요한 이유 중 하나가 글로벌 에너지 믹스✷의 변화에 직면해 유럽의 러시아 천연가스 의존도를 낮춤으로써 자국의 이익을 최대화하고 러시아와 유럽, 특히 독일의 동조화를 막기 위한 미국의 움직임이라는 것은 이미 모두가 알고 있는 사실이다. 2022년 2월 독일과 러시아를 연결하는 가스관 노르트스트림2가 완공되어 가동을 앞두고 있었다. 이제 러시아에서 독일로 수송되는 천연가스는 연간 1,100억m³로 거의 두 배 가까이 늘어날 상황이었다. 독일의 러시아 에너지 자원에 대한 의존도는 극대화될 것이고 싼값에 러시아 가스를 공급받는 독일 산업의 성장은 가속화될 것

✷　Energy Mix. 말 그대로 여러 종류의 에너지원을 혼합하여 최적의 비율로 공급한다는 뜻으로 한 가지 연료에만 의존하지 않고 각 나라별 특성에 맞게 골고루 활용하자는 취지에서 시작되었다.

이 자명했다. 그뿐 아니라 러시아 가스는 독일을 경유해 유럽 전역으로 더 싸고 쉽게 공급될 수 있었다. 당연히 LNG를 사용할 이유가 없는 유럽을 자국의 LNG 판매 시장으로 만들려는 미국의 장기적인 계획에 노르트스트림2 가스관은 큰 위협이 되었다.

여기에 미국 민주당의 국내 정치 문제와 코로나19 팬데믹으로 촉발된 인플레이션과 통화 패권 문제도 영향을 미쳤다. 이 정도면 러시아 경제가 정상화되고 국가 경쟁력이 높아지려는 순간마다 미국이 유가 조작 등을 통해 러시아 경제를 위기로 몰아 갔다는 러시아인들의 음모론적 확신이 어쩌면 사실일 수도 있겠다는 생각까지 들었다. 블라디미르 푸틴 집권 이후 러시아가 항상 에너지 가격 폭락에 대비해 대응 펀드를 만들어두었던 것도 이와 무관하지 않을 것이다. 적어도 이 전쟁이 궁극적으로 미국과 러시아의 경제전이며 우크라이나 영토를 매개로 하는 일종의 대리전임은 부정할 수 없다.

실제로 최근에는 노르트스트림 가스관 폭파가 미국과 노르웨이에 의해 자행된 것임을 밝히는 미국 세이모어 허쉬 기자의 탐사 기사가 발표되어 러시아에서는 물론 유럽과 중국 언론을 통해 대대적으로 보도되었다. 그러나 미국 언론은 이에 대해 침묵했고 국내 언론 중에서도 그 보도가 발표된 날이를 기사화한 곳은 단 한 곳뿐이었다. 이후 몇몇 언론사가

뒤늦게 보도했지만 〈연합뉴스〉를 제외하면 대개는 주류 언론이라 하기는 어려웠다.[10]

전쟁은 이처럼 뻔한 국제 질서의 결과이지만 그에 대한 원인은 전혀 설명되지 못했다. 2021년 11월 이미 〈월스트리트저널〉은 기사를 통해 2022년 2월경 러시아가 우크라이나를 침공할 계획이며 현재 우크라이나 국경에 약 17만 5,000명의 러시아 군이 주둔하고 있다고 전하면서 구체적인 러시아 부대 배치도까지 공개했다. 이어 연일 언론은 러시아가 우크라이나를 침공하려 하며 만일 그럴 경우 러시아는 혹독한 경제 제재에 직면하게 될 것이라는 소식을 쏟아냈다. 그리고 급기야 절대 일어날 것 같지 않았던 전쟁이 믿기지 않는 현실이 되었다.

그렇다면 러시아는 왜 자국의 이익에 아무런 도움이 되지 않아 보이는 전쟁을 감행한 것일까? 우크라이나의 영토를 빼앗기 위해? 러시아 제국주의의 부활을 위해? 물론 우크라이나는 유럽과 러시아의 완충 지대로 지정학적·전략적 요충지이다. 크림반도를 중심으로 한 흑해 연안이 러시아에 갖는 의미 또한 러시아 역사가 시작된 순간부터 매우 컸던 것은 부정할 수 없다. 우크라이나는 가톨릭 문화권과 정교 문화권의 경계가 지나는 곳이므로 스스로 정교의 수호자이자 정교 문화권의 중심이라고 여기는 러시아가 우크라이나 동부의 정교 문화권에 대한 지분을 주장하는 것도 쉽게 예상이 가능하다. 여기에 우크라이나 동부의 친러시아 주민들을 국가의 폭력에서 구해내기 위해서라는 명분도 추가되었다.

그러나 어쩌면 이번 전쟁의 가장 중요한 이유 중 하나는 2000년대 중반 이후 다시 전면화되는 러시아에 대한 두려움, 더 정확히는 러시아의 잠재적 위협에 대한 서구의 막연한 공포를 가시화함으로써 2007년부터 블라디미르 푸틴이 강조해 온 미국 중심의 단일한 세계 질서에 균열을 내고 다원적 세계 질서를 회복하려는 러시아의 준비된 계획이 아니었을까 하는 생각을 조심스럽게 하게 된다. 그렇다면 코로나 19 팬데믹 이후 각국이 마주한 인플레이션 위기와 감소한 석유 생산량, 미국과 중국의 힘겨루기가 전면화되는 2022년 초는 러시아의 군사 작전을 위한 적기가 될 수밖에 없었다. 소련을 경험한 세대가 아직까지는 건재하지만 새로운 세대가 등장하고 있는 러시아 내부의 문화적 상황 또한 전쟁을 더는 미룰 수 없다는 러시아의 판단을 부추겼을 것이다. 그러니 일단 전쟁을 시작한 이상 전쟁을 단기에 끝내는 것은 러시아의 이익에 부합되지 않는다.

러시아 군의 많은 문제가 앞다투어 보도되었고 단기간에 전쟁을 끝낼 수 있을 것이라는 러시아의 예상과 달리, 고전하는 러시아 군에 대한 기사가 반복되었지만 그것이 영국 언론을 중심으로 가십처럼 회자된 러시아 군의 무능과 낙후된 시스템의 문제 때문일지는 좀 더 정확히 살펴볼 필요가 있다. 전쟁의 객관적 지표를 공개하는 사이트들의 수치를 고려해 볼 때 이러한 언론 보도를 신뢰하기는 어렵다.■ 오히려 장기전을 통해 우크라이나 남동쪽을 병합하고, 우크라이나 난민의 유럽 이주로 유럽인들의 불만이 증가하며, 에너지 자원 가격 인상으로 유럽 전체가 극심한 인플레이션을 겪는 것을 지켜보는 것으로 유럽과 미국의 관계에 균열을 내려는 것이 러시아의 전쟁 전략은 아니었을까 싶기까지 하다. 여기에 더해 미국의 아프가니스탄 철수는 러중블록을 공고히 하고, 중동 지역의 질서를 새롭게 하며, 동남아시아와의 새로운 유대 관계를 형성하는 것으로 이어질 수밖에 없는 터였다. 우

■ 2022년부터 시작되어 2024년 3월까지도 우크라이나 전쟁은 여전히 진행 중이다. 그러나 그사이 많은 변화가 있었다. 이제 우크라이나의 승리를 말하기는 어려운 상황이 되었다. 무엇보다 하마스와 이스라엘의 전쟁이 일어났고 자연히 우크라이나 전쟁 보도는 언론에서 거의 사라졌다. 우크라이나 전쟁에 대한 대중의 관심 역시 시들해졌다. 포털 사이트는 댓글 창이 사라져 전쟁을 보도하는 기사에 대한 과거와 현재의 반응을 비교하는 것조차 불가능하다. 그 사이 우크라이나 전쟁을 다른 관점에서 설명하는 대안 언론이나 유튜브가 늘어났고 이를 통해 전쟁 소식을 접하는 사람들도 증가했다. 또한 2023년 2월에는 우크라이나 전쟁을 서구의 관점에서 탈피해 객관적 정보들로 전쟁의 원인과 전황은 물론 전쟁 이후의 새로운 세계 질서에 대한 예측까지 내놓은 이해영 교수의 저서 《우크라이나 전쟁과 신세계 질서》(사계절, 2023)가 출간되었다. 이 책의 3장을 통해 언론 보도와는 다른 우크라이나 전쟁의 전황을 살펴볼 수 있다.

리 언론은 크게 주목하지 않았지만 블라디미르 푸틴 대통령은 2022년 6월 페테르부르크 경제 포럼의 연설을 통해 다음과 같이 밝힌 바 있다.

1. 최근의 세계 경제 위기는 러시아의 우크라이나 '특별군사작전' 때문이 아니라 미국을 비롯한 주요 7개국의 수년간에 걸친 무책임한 거시경제 정책의 결과이다.

2. 러시아는 국제 곡물가 급등에 책임이 없으며 미국의 통화 남발과 국제 시장에서의 식량 구매가 근본 원인이다. 최근 2년 동안 미국의 통화량은 38%, 유럽연합의 통화량은 20% 증가했다. 서방은 진공청소기처럼 빈국의 상품들을 빨아들였다.

3. 흑해 봉쇄로 인한 우크라이나 곡물 수출이 차질을 빚고 있는 상황과 관련해 러시아는 우크라이나의 곡물 수출을 저지하고 있지 않다. 우크라이나가 기뢰를 제거하고 운송하라. 우리는 민간 선박들의 운항 안전을 보장할 것이다.

4. 지난 2월 말 이후 계속되고 있는 우크라이나 '특별군사작전'은 러시아에 대한 점증하는 위기와 위협 상황에서 불가피했다. 어려운 결정이었지만 불가피하고 필요했다.

5. 서방은 '반러시아' 시나리오를 이행하려 했을 뿐 아니라 우크라이나 영토에 대한 군사적 점령을 적극적으로 추진했고 자신들의 무기와 군사력을 쏟아부었다.

6. 새로운 국제 질서 규칙은 강하고 독립적인 국가만이 설정할 수 있다. 러시아는 강하고 독립적인 국가로 새로운 세기에 진입하고 있다. 우리는 우리 앞에 열리는 새로운 거대한 가능성을 이용해 더 강해질 것이다.

7. 우크라이나의 유럽연합 가입에는 반대하지 않는다. 군사 동맹인 나토와 달리 경제 협력체에 가입할지 여부는 모든 나라의 주권적 결정이다.

이번 전쟁의 직접적 원인과 러시아의 목표를 분명하게 천명하고 있는 블라디미르 푸틴 대통령의 연설을 보면서 절대 일어날 것 같지 않았던 러시아의 우크라이나 침공이 어쩌면 뮌헨 안보 회의에서 자국의 영광과 소명을 천명한 2007년부터 러시아가 준비해 온 필연적 선택이었는지도 모르겠다는 생각을 했다.

심심치 않게 미치광이 전쟁광이자 침략자로 묘사되는 블라디미르 푸틴 대통령이 목표로 하는 것은 우크라이나의 영토 점령이 아니라 냉전 이후의 승리에 도취된 미국의 패권에 대한 도전이다. 그러나 이러한 복잡한 국제 정세의 변화를 목전에 두고도 우리나라 언론 보도는 동남아시아 및 중동 국가, 심지어 유럽이나 미국과 비교할 때조차 지나치게 편협하고 너무도 얕다. 그것은 분단과 냉전의 역사를 직접 겪은 우리에게 여전히 뿌리 깊은 루소포비아*Russophobia*(러시아 혐오)에서 기인한 바가 크겠지만 급변하는 세계 질서는 우리에게 좀 더 넓고 균형 잡힌 시각을 요구한다.

루소포비아,
잠재된 위협과 선제성

★   전운이 감돌고 있는데도 결코 전쟁이 일어나지 않을 것이라 굳게 믿고 있던 전쟁 직전, 다른 무엇보다 내게 첨예하게 다가온 것은 이런 정치 경제 및 안보 이슈가 아닌, 미디어에 의해 계속 반복 재생산되며 더욱 강화되는 러시아의 악마화된 이미지, 그것이 만들어내는 공포와 위협이었다. 러시아에 대한 뿌리 깊은 공포, '루소포비아'는 미국과 유럽은 물론 우리나라에서도 너무나 공고했고 각국의 언론 보도는 그것을 더욱 강화하고 있었다.

영미 언론을 받아쓰기 바빴던 국내 언론사들은 기사를 통해 "익명의 첩보에 의하면 러시아가 곧 우크라이나를 침공할 것이다."라는 미국 정부의 말을 쏟아냈다. 물론 미국의 싱크 탱크와 위성 사진이 총동원된 정확한 첩보였을 것이고 실제로 러시아는 우크라이나를 침공했지만 러시아의 침공이 분명하다는 세계의 너무도 확신에 찬 언론 보도에서 이미 전쟁은 시작된 것이라 해도 틀리지 않았을 것이다.◘

> 러, 내년 초 우크라이나 침공하나… "美 당국 정보 포착"
> (동아닷컴, 국제)

> "러軍, 10만 명 우크라 침공, 푸틴 결정만 남아"… 서방-러 갈등 고조
> (〈동아일보〉, 국제)

> 긴장 고조되는 우크라이나, 실제 전쟁 가능성은?
> (〈경향신문〉, 국제)

이러한 뉴스에는 어김없이 지구상에서 사라져야 하는 독재 국가 러시아를 규탄하는 혐오의 댓글이 수백 개씩 달렸

◘ 그 외에도 YTN, 〈한국일보〉, 〈중앙일보〉 등 서구 언론의 계속되는 러시아 전쟁설 보도와 러시아의 이에 대한 날 선 반응이 2021년 11월 중순부터 시작해 12월 초까지 계속되었다. 2021년 12월 7일부터는 이미 전쟁을 기정 사실화한 듯 조 바이든 대통령이 블라디미르 푸틴과 정상 회담을 하기 전 유럽연합과 연쇄 통화를 통해 러시아를 국제 결제망에서 퇴출하는 것을 검토하며 경제적 대응을 고려하고 있다는 기사가 등장하기 시작했다.

다. 심지어 러시아가 아직 전쟁을 시작하지 않았을 때도 그랬다. 어쩌다 보이는 러시아 입장을 옹호하는 기사나 댓글에 대해서도 사정없는 언어 폭력이 자행되기도 했다. 루소포비아가 팽배한 우리나라의 사회적 분위기에서 러시아를 옹호하는 발언을 하는 이들은 말하자면 소수자였다. 소수자에 대한 배려를 핵심으로 하는 정치적 올바름이 이 경우에는 전혀 작동하지 않았다. 오히려 전쟁 이후 유럽 정상들의 연이은 반러시아 선언이나 러시아 외무장관과는 나란히 사진찍기 싫다는 G20 국가 정상들의 유치한 시위에서 볼 수 있듯 그들이 생각하기에 정치적으로 올바른 주체라면 러시아를 결코 이해해서도 믿어서도 안 되었다.

사실 익명의 첩보라는 정보적 권위에 러시아를 둘러싼 불량 국가 프레임이 더해져 러시아가 전쟁을 시작하는 것은 당연할 뿐 아니라 필연적이었다. 냉전이 종식되고 소련이 러시아로 바뀌었어도 '러시아는 애초부터 위험하고 폭력적이며 민주주의를 억압하는 독재 국가이기 때문에', '전쟁을 안할 것이라는 러시아의 말은 거짓이며 당연히 전쟁은 일어날 것'이라는 식의 기사가 마치 그것이 이루어질 때까지 외워야 하는 주문처럼 반복되었다. 주체의 행위에 대한 윤리적 평가 이전에 그 존재 자체를 선제적으로 규정함으로써 공포를 환기했고 공포는 위협을 만들어냈다. 그러니 전쟁이 현실

러시아 언론은 우크라이나 동부 주민들이 큰 피해를 입지 않도록 천천히 움직이는 탱크나
그들을 마치 가족처럼 돌보거나 돕는 러시아 군인들의 모습을 대거 보도했다.
(출처: 러시아 포털 yandex 뉴스)

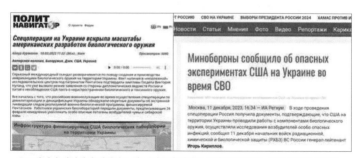

우크라이나 전역에서 행해지고 있는 미국의 생화학 실험을 폭로하는 전쟁 초기와 최근의
러시아 기사

이 된 이후 이런 비윤리적이고 폭력적인 국가인 러시아에 모두가 공분하고 러시아 군에 타격을 입히는 것은 충분히 정당한 일이었다.

전쟁 발발 직후에는 러시아 군이 고전하고 있으며 러시아 군대는 후진적이고 분열되어있다는 내용의 보도가 반복적으로 등장했다.◘

[이슈 분석] 러, 키예프 외곽 근접… 우크라 "무기 내려놓지 않을 것"
(SBS, 국제, 2022.2.28)

우크라 결사항전에 고전하는 푸틴 '승산 없는 전쟁'될까?
(〈한국일보〉, 2022.2.28)

[우크라 침공] 고전하는 푸틴… "전술적 실수·군사적 결점 노출"
(〈연합뉴스〉, 2022.3.1)

반면 러시아 내부에서는 민간인에게 피해를 주지 않기 위

◘ 대부분의 언론이 로이터와 같은 외신을 인용하면서 러시아 군이 개전 닷새째에도 키예프를 점령하지 못했고 군 보급에도 차질이 있으며 예상보다 지지부진한 상황임을 보도했고, 여기에 국제 사회 대러 경제 제재에 루블화가 30퍼센트 급락했으며 러시아 내부에 반전 움직임이 있다는 사실을 더했다. 심지어 일부 매체는 러시아 군의 시체가 거리에 널려있다는 선정적인 뉴스를 전하면서 블라디미르 푸틴의 실패를 단정하기도 했다.

해 서서히 진입하는 러시아 군대의 행렬이나 구소련 국기를 흔들며 러시아 군대를 환영하는 주민들의 모습, 주민들과 음식물을 나누며 평화로운 일상을 보내는 어린 병사들의 모습이 보도되었다. 러시아가 전쟁에서 자행한 만행들이 우크라이나발 소식을 통해 전해지면서 러시아에 대한 비난과 제재는 점점 더 당연한 것이 되었지만, 이때 민간인 학살과 관련한 러시아 내의 언론 보도 내용은 전혀 달랐던 것이다.

러시아 군의 잔인한 민간인 학살 소식이 등장한 이후 러시아 국내 언론은 이에 대해 분노했고 오히려 우크라이나 군이 민간인을 방패로 사용하기 위해 주민의 대피를 막고 있다고 비판의 목소리를 높였다. 러시아 정부는 우크라이나발 소식을 빠르게 전하는 페이스북을 비롯한 몇몇 SNS에 대해 금지령을 내렸고 전쟁에 대한 왜곡된 보도를 내보내는 일부 언론에 대해 검열을 강화했다.

이는 사실상 효율적인 정보 처리 방법이 되지는 못했다. 오히려 SNS를 통해 확산되는 정보의 불공정함을 비난하는 선언적 행위에 가까웠다. 일부 러시아 언론에서는 미국 신보수주의자들의 우크라이나 정부와의 관련성, 조 바이든 대통령의 아들을 둘러싼 우크라이나 커넥션 문제, 우크라이나인들을 대상으로 하는 미국 제약 회사의 생화학 실험, 심지어 우크라이나의 비옥한 땅을 오염시키는 미국의 GMO 농업의 문제까지 다양한 음모론을 쏟아냈다.

전쟁이라는 극단적인 상황에서 발현되는 상상할 수 없는 인간의 잔혹함과 철저히 자국의 이익을 위해 움직이는 국제 관계의 생리를 생각해 본다면 양측의 상충하는 보도에서 일방적으로 어느 한쪽의 편을 들기란 어려우며, 어쨌든 '침략자'인 러시아 측의 보도를 그대로 믿을 수 없는 것 또한 당연하다. 그러나 문제는 우리나라 미디어가 여전히 영미 주류 언론의 번역 기사들로 점철되어있으며 그 외의 다른 목소리와 관련해서는 비판적 논조의 기사조차 싣지 않는다는 사실이다. 나를 포함해 그 누구도 러시아 언론을 전적으로 신뢰하지는 못하지만, 설령 러시아 측의 주장이 사실이라 해도 지금으로서는 누구도 그것에 귀 기울이려 하지 않도록 구조화되어있음은 분명하다. '소련의 후예이자 독재 국가, 비정상적인 깡패 국가' 러시아에 대한 판단은 이미 전쟁 전에 완결되었기 때문이다. 러시아의 주장을 비교적 상세히 보도했던 중국이나 중동 지역의 몇몇 국가들, 동남아시아 일부 국가들과 달리 우리나라를 비롯한 친서방 국가들에 이러한 위협적인 적의 입장 따위는 아예 존재하지 않았다.

러시아의 우크라이나 침공이 막연한 위협에서 실재가 되는 과정은 그야말로 "어떻게 아직 일어나지 않은 일의 비존재성이 완전히 완료된 것보다 더 현실적일 수 있는지"[11]를 직접 보여준다.

뿌리 깊은 루소포비아는 손쉽게 러시아를 잠재적 적으로 만들었고 그 적과 싸워야 하는 명분을 만들어주었다. 이 과정에서 가장 중요한 것은 무엇보다 러시아라는 확고한 적의 이미지였고 그 필연적 위협을 널리 알려 공유하는 것이었다. 자연스럽게 이번의 하이브리드 전쟁에서 미디어의 역할은 무엇보다 컸다. 전쟁과 안보에는 불가지의 여백이 반드시 존재하기 마련이다. 그러나 페이스북과 인스타그램의 포스트와 피드는 마치 그런 여백 같은 것은 존재할 수 없으며 우리가 모든 진실을 알려줄 수 있다는 듯 지워버렸다. 걸프전 당시의 전쟁 서사◘가 SNS가 정보의 주된 소스가 되었던 아랍의 봄◘과 유로마이단◘ 등을 거치며 진화되고, 다원화된 미

◘ 걸프전은 1990년 8월 20일부터 1991년 1월 17일까지 이라크의 쿠웨이트 침공에 반대하면서 미국 주도의 34개국 다국적 연합군이 수행한 전쟁이다. 당시 이라크 영토를 공중에서 내려다보며 폭격하는 전투기 조종사의 시점을 전 세계 '관객'들이 공유했다. 폭격으로 죽어가는 지상의 개인이란 아예 존재하지도, 상상되지도 않았으며 모두가 마치 컴퓨터 게임 플레이어가 된 듯 목표물을 정확히 맞추는 데 집중했다.

◘ 아랍의 봄은 2010년 12월 이래 중동과 북아프리카에서 일어난 반정부 시위이다. 파업 참여 운동의 지속, 데모, 행진과 대집회뿐 아니라 페이스북과 트위터와 같은 SNS를 이용한 조직적 의사소통, 인식 확대를 통해 광범위한 시민의 저항 운동이 일어났다.

◘ 유로마이단은 2013년 11월 21일 우크라이나와 유럽 연합과의 통합을 지지하는 대중들의 요구로 시작된 대규모, 지속적인 시위이자 시민 혁명이다.

디어의 발달로 새로운 전쟁 경험에 자리를 내어주게 되었다.

브라이언 마수미의《존재권력》은 9.11 테러 이후 조지 W. 부시 정부가 선포한 테러와의 전쟁을 중심으로 억제가 아닌 선제로서의 미국 신보수의 안보 논리를 해부하고 있다.

> 만일 우리가 위협이 완전히 가시화되길 기다린다면, 우리는 너무 오래 기다린 것일 겁니다. 우리는 그것들이 드러나기 전에 적에게 싸움을 걸어 그의 계획을 붕괴시키고 가장 나쁜 위협에 맞서야 합니다. 우리는 이미 그 세계에 들어섰으며 안전에 이르는 유일한 길은 행동의 길입니다.
>
> (조지 부시 대통령, 2002)

어디 숨어있는지 알 수 없는 테러리스트는 위협이 분명하지만 그렇다고 아직 그 어떤 공격도 하지 않는 대상을 그들이 악이라는 확신을 갖고 미리 무력화하기 위해 선제 공격을 해야 한다는 조지 W. 부시 대통령의 이러한 전략은 우크라이나 전쟁 전 러시아의 위협을 가시화하는 과정에서도 그대로 반복되었다. 과거 안보 위협이란 믿을만한 정보인지 아닌지의 여부와 상관없이 현실로 느껴져야 했고, 한 국가가 무력을 사용하려면 위험이 발생하기를 기다려야 했다. 하지만 이제 위협이라는 실재 자체만으로도 선제 공격의 명분이 될 수 있게 된 것이다. 즉 그것이 위협이고 악이라는 정보를 공유하는 것이 무엇보다 중요하며 바로 이 지점에서 미디어의 역할이 요구된다.

브라이언 마수미가 지적하듯 사실이건 아니건 일단 미디어를 통해 발화된 말은 그 자체로 자율성을 갖고 사실처럼 움직인다. 권력의 선제성이란 이처럼 없는 사실을 만들어내어 권력의 형성 기제로 사용되는 매우 적극적인 권력 형성의 메커니즘을 의미한다. 위협은 아직 출현조차 하지 않았고 불확실성 그 자체이지만 바로 그것이 위협의 본성이다. 그런 의미에서 브라이언 마수미는 이러한 권력의 선제성을 냉전의 억제력과 대비시킨다. 가령 핵무기 사용과 관련된 MAD*Mutual Assured Dsetruction*(상호확증파괴)가 대등한 두 힘의 팽팽한 균형에서 가능했던 것이라면 냉전 종식 이후 테러와의 전쟁은 보이지 않는 적과 그 불확실한 위협을 미리 파괴하는 선제 권력 사이의 불공정한 싸움이 된다.

사실 소련 해체 이후 러시아는 서구 사회의 일원으로 인정받기 위해 부단히 노력했다. 9.11 테러가 발생했을 때 블라디미르 푸틴 대통령은 조지 W. 부시 대통령에게 가장 먼저 전화를 걸어 위로를 건넸다. 이후 러시아는 테러와의 전쟁에 적극 참여하며 미국과의 연대를 선언했다. 심지어 러시아에서는 9.11 테러가 미국과 친해지기 위한 블라디미르 푸틴 대통령의 자작극이라는 말도 안 되는 음모론까지 돌았다. 그러나 냉전의 패배자였던 러시아의 성장이 가시화되고 러시아가 과거의 영광을 찾겠다는 의지를 내보이면서 러시아는 다시 한번 위협적인 존재로 부상했다. 러시아를 유럽에 편입시키려는 표트르 대제의 노력에 유럽이 루소포비아로 답했던 역사는 21세기에도 여전히 반복되고 있었다.

러시아 학자들은 미국을 위시한 서구 민주주의 사회가 냉전의 종식을 그들이 획득한 일종의 승리의 트로피로 간주하고 있으며 어렵게 쟁취한 승리를 영원히 지켜내야 한다는 강박이 여전히 세계 질서를 군사적 개념으로 읽게 하는 원인이라고 주장한다. 이러한 인식 속에 세워진 그들의 의견에 따르면 새로운 세력의 성장은 자유 민주주의의 승리 위에 구축된 세계 질서에 대한 위협으로 간주될 것이고, 자연히 러시아의 부상은 영원히 사라지지 않을 루소포비아를 환기할 뿐이다.

실제로 블라디미르 푸틴이 집권한 2000년부터 십여 년간 러시아는 다양한 공공외교 프로젝트를 통해 러시아의 이미지를 바꾸기 위해 노력했지만 그것은 늘 러시아 국가주의 프로젝트라고 비판받았다. 러시아 학자들은 러시아의 지극히 '정상적'인 공공외교가 서구 언론들에게는 늘 '보이지 않는 프로파간다', 새로운 '하이브리드 전쟁'이라는 비난과 함께 러시아의 숨겨진 의도에 대한 의혹을 증폭시키는 결과를

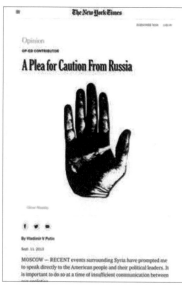

블라디미르 푸틴 대통령의 〈뉴욕타임스〉 기고
문 인터넷 버전

가져오고 말았다고 지적
한다.

블라디미르 푸틴 대통
령은 〈뉴욕타임스〉 2013
년 9월 11일 자 "러시아
는 당신들이 신중하길 호
소한다*A Plea for Caution from
Russia*"라는 제목의 사설
을 통해 러시아가 시리아
정부군을 도와 독성 가스
를 사용했다는 주장은 근
거 없는 것이며, 오히려
이를 빌미로 미국이 다른 나라의 내부 갈등에 군사적 개입을
하려는 것이라고 비판했다.

그는 대국과 소국, 부국과 빈국 모두 각자의 고유한 전통
위에서 민주주의를 발전시키기 위해 노력을 다하고 있으며,
미국뿐 아니라 세계 모든 나라의 모든 이들이 신에 의해 평
등하게 창조된 것이라고 역설하면서 미국의 선민주의에 내
재한 위험성을 지적했고, 어떤 목적에서든 군사 행동은 결국
무고한 피해자와 폭력의 확대를 낳을 수밖에 없으며 이에 따
라 점점 더 많은 이들이 미국을 민주주의 모델이 아닌 폭력

의 근원으로 여기게 될 것이라고 경고했다.

이 글은 무엇보다 러시아 정상이 당시 시리아 사태를 두고 팽팽하게 대립하고 있던 미국의 부당함을 다름 아닌 미국의 대표적 언론 매체를 통해 알리고 러시아의 입장을 변론하고 있다는 점에서 파격적이었다. 블라디미르 푸틴 대통령의 대담한 호소는 미국인을 비롯한 전 세계에 강한 인상을 주었고 이는 잠시나마 러시아의 국가 이미지 제고에도 기여했다.

그러나 사실 블라디미르 푸틴 대통령의 글에는 소련 해체 이후 미국을 위시한 서방 국가들과의 평화로운 관계 속에서 국제 사회의 구성원으로 인정받는 것을 목표로 했던 러시아의 대외 정책 및 공공외교의 시도들이 성공적이지 못했으며, 여전히 잠재된 악이자 뿌리 깊은 독재 국가라는 프레임을 벗어날 수 없음을 확인한 러시아의 자조적 인식이 반영되어있다.

2005년 12월 러시아는 미디어를 통한 공공외교를 본격적으로 시작하면서 '러시아판 CNN'으로 불리는 영어 방송 러시아투데이*Russia Today*(현재 명칭은 RT)를 시작했다. 전 세계를 대상으로 하는 국가 주도 기획 플랫폼을 만들어 자국민을 비롯한 전 세계 수신자들에게 러시아가 민주주의 국가임을 설득시키고, 국제 커뮤니티의 구성원으로서 러시아의 선한 역할을 알리며, 국제 현안에 대한 러시아의 독자적인 시각을

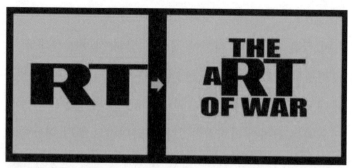

러시아투데이는 러시아 정부의 하이브리드 전쟁의 도구이자 가짜 뉴스의 온상이라고 비판받았다. 사진은 러시아투데이의 로고를 이용해 '전쟁의 기술(The Art of War)'이라는 문구를 만든 것이다.

전함으로써 러시아에 대한 올바른 인식을 심어주는 것이 목표였다. 그러나 러시아투데이는 얼마 지나지 않아 크렘린의 '프로파간다 기계'이자 음모론의 온상, CNN이나 BBC World News 같은 거대 미디어는 거들떠도 보지도 않는 허접한 뉴스의 생산자라는 오명을 얻었으며, 2014년 〈더 가디언〉은 '세계를 음모론에서 보게 하는 러시아 정부 후원의 국제 방송 채널'이라고 정의하기에 이른다.[12]

특히 러시아투데이는 전 세계에서 가장 많은 거짓 정보를 유포하는 채널이자 재정 및 운영 방식 등이 분명하지 않은 위험한 미디어로 정의되었다. 서구 언론에 따르면 러시아투데이는 논란이 되는 게스트의 초빙이나 콘텐츠의 유포로 사회의 혼란을 야기하는 위험한 집단이며, 이슬람에 대한 공포를 조장하거나 때로 힐러리 클린턴에 대한 차별적 음모론을 유포하고, 도널드 트럼프 대통령의 당선을 위한 물밑 작업을 하는 등 궁극적으로 미디어를 하이브리드 전쟁의 무기로 사용하고 있다는 것이다. 실제로 2016년 러시아투데이는 힐러리 클린턴에 대한 음모론 유포를 통해 미국 대선에 개입했다는 이유로 미국 내에서 러시아 정보 기관이라는 낙인과 함께 유료 광고 게재 금지 처분을 받았다. 프랑스에서는 노란 조끼 시위대를 독려했다는 혐의가 제기되어 마크롱 대통령이 국가 안보를 저해하는 언론을 금지하는 법령을 제정하게 하는 빌미를 제공하기도 했다. 영국에서는 스크리팔 독살 사건과 시리아 분쟁에 관련된 공정하지 못한 언론 보도를 이유로 러시아투데이에 20만 파운드의 벌금이 부과되었다.

러시아의 위대함에 대한 담론이 본격적으로 시작된 2000년대 중반, 국가 주도로 기획된 러시아투데이가 분명 서구 미디어에 대항하고 러시아를 미국과 대등한 위치에 놓으려는 의도를 애초부터 숨기지 않았던 것은 분명하다. 러시아투데이는 위키리크스의 줄리앙 어산지, 홀로코스트를 부정하는 라이언 도슨, 인포워의 알렉스 존스, 브렉시트 리더 나이젤 파라지 등을 게스트로 불러 논란을 불러일으켰지만, 이와 동시에 미국 언론을 대표하는 래리 킹, 에드 슐츠, 크리스 헷지 등을 호스트로 초빙해 언론으로서의 권위와 적법성을 드러내려 노력하기도 했다. 자극적이고 흥미를 유발하는 음모론에 대한 대중의 끌림이 초기 러시아투데이의 성장을 견인한 것은 사실이지만 지금까지 알려지지 않았던 사건의 이면에 대해 권위 있고 공정한 보도의 이미지를 구축하는 것은 분명 러시아투데이의 효과적인 미디어 전략이기도 했다.

러시아투데이는 미국과 영국, 유럽의 채널들과 경쟁하며 그들이 내보낼 수 없었던 콘텐츠를 제작해 방송하려 했다. 가령 러시아가 제작해 러시아투데이를 통해 방송한 다큐멘터리 〈미국의 봄American Spring〉은 '아랍의 봄'을 차용한 제목에서 이미 월가 점령 시위를 지배 계급에 반하는 민중의 저항으로 이해하고 있음을 보여주었다.[13] 이 다큐멘터리는 미국의 정치 시스템이 기업들에 의해 조종되어 백악관은 그들의 장난감이나 다름없다고 주장했고, 이러한 미국의 시스템을 바꾸어야 한다는 암시를 곳곳에서 드러냈다. 이에 대해 많은 언론이 소련 프로파간다의 부활이라고 비판했지만, 러시아는 이것이야말로 미국을 비롯한 서방이 지금까지 행해온 미디어 전략이 아니었냐고 반격했다. 디지털 공공외교가 활발하게 전개된 오바마 행정부의 전략을 러시아 역시 따르며 그 방식을 그대로 러시아를 변론하는 데 사용하고 있을 뿐이라고 강변했다. 그러나 미국과 유럽의 언론에 비친 러시아 콘텐츠는 그저 눈앞에 가까이 다가온, 소련의 부활을 꿈꾸는 러시아 정부의 위협일 뿐이었다.

Secured Border 사이트에 게시된 자료들. 사진은 크렘린의 지원 하에 운영되는 미국 내 사이트를 폭로하는 〈뉴욕타임스〉에 실린 기사 'Purged Facebook Page Tied to the Kremlin Spread Anti-Immigrant Bile'(2017.9.12.)에서 가져왔다.

〈뉴욕타임스〉는 러시아가 2015~2017년 사이 120~470개의 페이스북 페이지를 미국인을 대상으로 만들었으며 이에 따라 8만 개 이상의 포스트를 1억 2,000만 명의 미국인이 보았고, 2,900만 명이 포스트에 반응했다는 기사를 발표했다. 표면적으로 미국인들이 자발적으로 만든 것으로 보이는 페이스북 페이지가 사실은 페테르부르크에 위치한 한 비밀 회사에 의해 만들어진 위장 사이트이며 이는 조직적으로 거짓된 정보를 유포하는 채널이라고 폭로한 것이다. Secured borders(난민 문제), LGBT united(동성애자 권리 문제) 같은 사이트 외에도 Blactivists(인종 갈등), United Muslims of America(이슬람 인권), Defend the 2-nd(총기 소지 옹호) 등이 러시아가 후원하거나 러시아와 관련된 사이트로 알려져 있다.

그러나 〈뉴욕타임스〉의 폭로에도 불구하고 페이스북 위

장 사이트로 열거된 페이지들은 2017년 이 기사가 발표되었을 때도 이용자가 많거나 영향력이 큰 공간이 아니었을뿐더러 현재는 거의 방치된 사이트에 불과하다. 〈뉴욕타임스〉 기사의 진위 여부를 떠나 기사가 제시하는 구체적인 수치가 불러일으키는 공포감에 비해 그 실체는 그다지 위협적이지 않았던 것이다.

러시아투데이 트위터(현 X) 사용자들에 대한 음모론도 마찬가지이다. 사실 이들에 대한 통계 분석을 진행한 한 연구에 따르면 러시아투데이 트위터 사용자들은 국적, 언어, 관심 분야 등에서 전혀 균질적인 집단이 아니며 오히려 이들은 상당히 다원적인 구성을 보인다. 러시아투데이의 콘텐츠는 그들이 노출하는 전체 콘텐츠의 극히 일부일 뿐이며 러시아투데이 이용자 대부분은 러시아투데이 외에도 다양한 주류 언론 채널을 구독하고 있다. 물론 연구자들은 트위터 사용자 평균 연령보다 다소 높은 나이대의 러시아투데이 팔로워 일부가 일종의 소셜봇Social Bot일 가능성을 제기하고 있지만 러시아투데이의 구독자들을 음모론에 경도된 소수의 위협적인 목소리로 규정하는 시도는 위험할 뿐 아니라 사실과도 거리가 있다.

2021년 미국에서는 도널드 트럼프 미국 대통령 지지자들이 대선에 불복하며 미국 의회를 장악하는 초유의 사태가 벌

어졌다. 이에 대한 기사
가 쏟아져 나오는 가운데
흥미롭게도 이들 폭도의
무리 가운데 러시아어 사
용자들이 대거 포함되어
있다는 내용의 기사가 등
장했다. 이 기사를 처음
보도한 것은 UNIAN이
라는 미국 기반의 우크라
이나 언론이었다. 기사는
당연히 이번 '미국을 다
시 한번 위대하게 만들려
는' 폭도들의 배후에 러
시아가 있다는 낯설지 않

우크라이나계 언론 UNIAN이 보도한 도널드 트럼프 지지자들 가운데 러시아어가 들렸다는 기사는 사라졌지만 대신 뉴욕 폭도와 모스크바 쿠데타의 이미지를 겹쳐 놓은 기사가 등장했다.

은 음모론을 반복하고 있었다. 이후 사실 확인 과정에서 이 기사가 사라진 대신 뉴욕 폭도들의 공격을 받은 의회와 1993 년 모스크바 쿠데타 이미지를 교묘하게 겹쳐 보여주는 것으로 대체되었다.

이처럼 2007년 러시아의 유라시아주의적 구상이 구체화되고 2014년 크림반도 합병으로 러시아의 위협이 가시화되면서 서구의 루소포비아는 본격적으로 작동하기 시작했다.

이와 동시에 러시아가 발신하는 메시지는 더 날카롭고 공격적으로 변했다. 이는 이미 러시아를 악의 축으로 규정하고 있는 전 세계 다수의 사람을 어떻게 이해시킬 수 있겠냐는 러시아의 반감이 드러난 것이기도 하다.

러시아의 공공외교 콘텐츠 변화가 러시아에 대한 서구의 비난과 공포에서 만들어진 것임을 부정하기는 어렵다. 또한 그에 비례해 크고 강한 나라, 거대한 영토를 가진 제국이라는 러시아인들의 자의식이 온오프라인 공간 모두를 통해 강화되었음은 분명하다. 러시아는 전 세계 러시아어 사용자와 러시아어를 이해하는 사람들이 함께 참여할 수 있는 거대한 '러시아 세계'가 있음을 강조하고, 이제 러시아가 전 세계에 포진한 러시아 디아스포라에 대한 적극적 후원자가 되겠다고 공표했다. 즉 러시아는 전 세계 불특정 다수에게 러시아를 이해시키겠다는 2000년대 공공외교 전략을 폐기하고, 흩어져 있는 러시아 디아스포라와 러시아어 사용자, 러시아를 이해하고 러시아에 호감을 가진 이들에게 자국의 입장을 설명하고, 그들이 자신들의 편에 설 수 있도록 하며, 서구 문화의 주류 외부에서 러시아의 입장을 공감할 수 있는 소수의 목소리들과 연대하기에 이르렀다. 어쩌면 러시아에게 이번 우크라이나 전쟁은 바로 그러한 연대의 시작을 알리는 선언과 같다.

신냉전과 정동 정치

외부는 언제나 이미 내부에, 즉 '외부와의' 관계로 충전된 국가 기구들(Apparatuses)의 내부에 있다. 오늘날 국가의 경계를 넘나드는(Transnational) 미디어와 몸과 모든 실천은 대외 정책의 결정에 관여하는 정치적 인지(認知)를 재편하는 정동적 잠재력을 갖는다. 대외 정책 수립에서 작동하는 비이성의 문제를 변론하려는 것이 아니다. 그런 논의는 이미 충분히 존재한다. 내가 말하려는 것은 대외 정책이 갖는 이성-너머, 더 정확히는 인간-너머의 성질에 관한 것이다. 외교를 국가들 혹은 국가의 대표자들이 '함께 모이는 것(Coming Together)'으로 정의하기보다 차라리 나는 '국제 사회'라는 것이 어떤 미디어와 대상, 그리고 몸들/실천들이 끊임없이 "모여서 '되어' 가는 것(Becoming Together)"이라 말하고 싶다. 개별적 정치적 주체들, 국가들, 지정학적 공동체들, 가령 '서구'니 '유럽'이니 하는 것들은 바로 이로부터 생겨나는 것이다.

(제이슨 디트머, 《외교의 질료: 정동, 아상블라주, 그리고 대외 정책》)

이데올로기의 종언과 함께 정체성 정치가 전면화된 데 이어 21세기 국제 관계는 감정으로의 전환*Emotional Turn*, 심지어 정동으로의 전환*Affective Turn*을 명백히 드러낸다. 이는 때로 비이성적으로 보이는 러시아에 대한 서구의 평가에서뿐 아니라 이를 다시 한번 정치 담론으로 가공하는 러시아의 외교 전략에서도 감지된다. 국제 관계는 이제 이성과 합리성을 통해 이해될 수 없는, 정서적이고 감정적이며 불확실한 주체의 영역이 되었다.

2014년 2월 소치올림픽을 개최할 무렵 러시아는 소련 해체 이후의 짧은 역사를 거치며 복원되었고 새롭게 구성된 국가정체성을 축으로 결집한, 단일하고 통합된 정동의 집단으로 재탄생했다. 사실 러시아인들은 냉전 종식 이후에도 해소되지 않는 러시아와 서구의 대립 구조 위에서 서구가 러시아의 주권에 대해 공격을 가한다는 피해 의식을 느끼고 있었으며 이는 일종의 구조적 정동으로서의 분노로, 이에 대한 저항으로, 나아가 전복적 실천으로서의 권력 의지로 진화해 갔다.

마치 스탈린의 소련이 그러했듯 현대 러시아 사회에서 정치는 다시 한번 윤리적이고 미학적인 영역과 결합하여 현대 러시아 사회를 도덕적 순수주의와 메시아주의라는 단일한 가치로 무장하게 만들었다.

이러한 상황에서 전 세계 미디어를 통해 증폭된 러시아의 위협을 실제 전쟁으로 가시화해 버린 러시아의 이번 결정은 어떻게 해도 사라지지 않고 작동하는 뿌리 깊은 러시아에 대한 혐오 가운데 차라리 대등한 힘으로 서로를 억제하는 과거 냉전의 질서로 돌아가겠다는 선언과도 같아 보인다. 말하자면 러시아는 다음과 같이 질문한다.

"국제 사회에서의 미국의 단일 패권이 과연 냉전의 긴장보다 선한 것인가?"

미국 중심의 단일한 세계 질서에 균열을 내겠다는 러시아의 공공연한 목표는 우크라이나 전쟁으로 본격 가동되기 시작했다. 러시아는 언어 공동체, 혹은 감정의 공동체라고 할 수 있는 친러시아 세계의 수호자가 되기를 자처한다. 언젠가부터 러시아제국 이데올로기로 가공된 유라시아 지정학은 물리적인 유라시아 공간을 넘어 친러시아 세계를 아우르는 단일한 정동의 몸과 같은 것이 되었다. 그것은 집적된 감정들과 그것의 기호로 구성된 경계인 동시에 그 안에 잠재된 생명력과 권력 의지를 직접적으로 드러냄으로써 그 경계를 계속해서 갱신해 가는 유기체로서의 지정학적 '되기*Becoming*'와 같다. 오늘날 러시아 문화를 설명하는 키워드라고 할 수 있는 러시아의 소명에 대한 믿음과 메시아주의, 정교적 정체성은 유라시아 지정학의 시작인 동시에 그 결과다.

우크라이나 전쟁은, 그리고 아마도 그 결과 가시화될 새로운 세계 질서는 어쩌면 루소포비아에서부터 촉발된 정동 정치의 산물일 것이며, 이를 넘어서는 것 역시 그러할 것이다.

2장

한국과 태국이 바라보는 미얀마 사태

Global Media Literacy for Global Citizen

이채문(한국외국어대학교 태국어과 강사)

탈진실의 시대 가짜 뉴스가 난무하는 우리 사회에서 주요 언론사의 미얀마 관련 뉴스는 의외로 거짓 보도를 찾아보기 힘들다. 오히려 미얀마 정부가 쏟아내는 뉴스가 가짜일 경우가 많다. 시위대 행렬을 불교 사원으로 향하는 인파라고 오보하는가 하면 민주 시위를 이끈 젊은 시민에게 국가 내란 선동 및 테러리스트라는 오명을 씌우기도 한다. 이를 우리 언론은 '바로잡아' 고발해 주기까지 하니 이 사안에 대해서만큼은 언론이 올바른 역할을 하는 것 같다.

그런데 미얀마 사태를 다루는 한국과 태국의 언론 보도를 비교해 보면 흥미로운 점을 발견할 수 있다. 똑같은 사건을 다르게 보도하거나 우리에게 보도되지 않는 문제를 집중 보도하는 등 차이가 나는 것이다. 왜 이런 차이가 나타나는 걸까?

2021 미얀마 쿠데타

★　　2020년 11월 선거에서 아웅 산 수 치가 이끄는 민족 민주연맹당*NLD*이 압승을 했다. 그러나 국회 개원 첫날인 이 듬해 2월 1일 새벽, 민 아웅 흘라잉 총사령관의 군부는 쿠데 타를 일으켜 아웅 산 수 치 국가 고문과 윈 민 대통령을 구금 하고 1년간 국가비상사태를 선언했다. 이에 미얀마 국영 방 송 MRTV는 지난 선거는 부정 선거이며, 총선 유권자 명단 조 사를 위해 모든 권한을 군 총사령관에게 이양한다고 발표했 다. 이로써 53년간의 군사 독재를 종식시키며 2016년 들어 선 문민정부와 민주 사회는 5년 만에 또다시 군사 정권하에 놓이게 되었다.

미얀마 국민은 정부 인사들의 석방과 군부 쿠데타를 규탄하는 집회를 벌였고, 2월 22일에는 전국적인 '시민 불복종운동'의 일환으로 파업과 대규모 시위를 이어갔다. 군부가 평화 시위를 무력으로 진압해 사상자 수가 늘어나는 가운데 '피의 토요일'로 불리는 3월 27일에는 미얀마 국군의 날 행사 거행과 군부 타도 시위가 함께 일어나 100명 이상이 사망했으며 일부 군사 시설도 폭파당해 타격을 입는 등 갈등이 더욱 고조되었다.

이러한 상황 속에서 민족민주연맹당은 연방의회대표위원회를 출범하고 군부 헌법을 대체할 임시 헌장을 발표했다. 임시 헌장은 인권, 다양성, 소수 민족의 권익 보장과 평등을 강조하며 여러 단체 대표를 결집했다. 이어 4월 16일 국민통합정부를 발족시키고 5월 초에는 시민방위군을 창설해 군사 정권에 맞설 민주 진영의 임시정부 및 군대를 조직했다. 이후 2021년 9월 7일 두와 라시 라 대통령 대행은 군사 정권에 저항 전쟁을 선포하며 내전을 본격화했다.

민주시위대와 정부군은 서로를 테러 집단으로 규정하고 한 치의 물러섬 없이 대치하고 있다. 정부군과 교전하던 중에 카렌족, 친족, 샨족 등 자위군들의 마을과 학교가 폭격당하기도 했다. 북부에서는 카친독립기구 창립 62주년 기념 공연 행사를 하다가 정부군 전투기 세 대의 공습을 받아 100여 명

가까이 목숨을 잃었다. 그러나 정부군은 이에 대해 어떤 해명이나 언급도 내놓지 않았다. 이뿐 아니라 2022년 7월 말에는 제55회 아세안 장관 회의를 일주일여 앞둔 시점에서 민주 인사인 표 제야 또 전 의원, 활동가인 초 민 유 등 네 명의 인사를 사형 집행함으로써 아세안 회원국들에게도 질타를 받았다. 현재 폭압으로 사망한 사람은 3,000명이 훌쩍 넘는다.

미얀마에서 반정부 시위와 쿠데타가 발생한 것이 이번이 처음은 아니다. 하지만 이번 갈등은 이전과는 다른 양상으로 벌어지고 있다. 미얀마 국민들은 2016년에서 2020년까지 문호 개방으로 체험한 외부 교류와 자유에 대해 그 어느 때보다 강한 수호 의지를 보이고 있다. 군부의 폭정에 대항하고자 일부 소수 민족들은 이제까지 반목해 온 버마족과도 손을 잡았다. 국제 사회는 미얀마 군부의 탄압에 비난 성명을 내고 경제 제재를 강화하는 등 시민 사회에 힘을 실어주고 있다.

그러나 군부 또한 막강하다. 러시아와 중국을 위시한 주변국과의 관계를 돈독히 하며 국제 사회와 아세안의 규탄을 무시하고 있다. 시민들은 유엔 안보리가 이 사태에 개입하여 보호해주길 바라고 있지만, 이 역시 러시아와 중국의 반대로 이행되기 어렵다. 게다가 2022년 2월 우크라이나 전쟁이 발발하면서 미얀마에 대한 세계적 관심 또한 상대적으로 줄어들었다.

그러던 중 2023년 10월 27일 삼형제동맹의 1027작전으로 미얀마는 새로운 국면에 접어들었다. 미얀마민족민주동맹군, 따앙민족해방군, 아라칸군의 소수 민족 연합군은 200여 개가 넘는 중앙군 초소 및 북부 국경의 주요 도시들을 점령하면서 중부의 중심인 만달레이로 진격해 가고 있다. 이에 미얀마 군은 수도 네피도의 방어망을 증강하며 대응 태세 강화에 힘쓰고 있어 미얀마의 앞날을 예상하기 어려운 상황이다.

'먼 나라' 한국과 '이웃 나라' 태국이 바라보는 미얀마 사태

★   우선 우리에게 미얀마는 어떤 나라인지 생각해 보자. 먼저 동남아시아의 폐쇄적인 군사 독재 국가, 독립운동가 아웅 산 장군과 노벨 평화상을 수상한 아웅 산 수 치가 떠오를 것이다. 또는 드넓은 대지와 수많은 불탑, 그 아래 평화로이 거니는 스님들의 행렬이 떠오르기도 할 것이다. 미얀마는 고요하고 목가적인 풍경과 억압적 군부의 긴장이 교차하는, 우리에게는 머나먼 베일 속 은둔의 나라이다.

반면 태국에게 미얀마는 2,400km의 국경을 맞대고 있는 이웃 나라이다. 그러나 양국을 가르는 높고 험준한 산맥만큼 두 나라의 관계는 좋지 못했다. 16세기와 18세기에 치러진 전쟁으로 아유타야(태국)가 버마(미얀마)에 멸망당했기에 태국에게 미얀마는 오랜 '숙적'이었다. 그러다가 1980년대 이후 정치적·경제적 이유로 미얀마에서 난민이 생길 때마다 태국에 유입되어 저렴한 노동력을 제공했고, 태국은 이를 바탕으로 경제를 발전시켰다. 현재 태국에는 간판이나 안내 문구에 미얀마어가 보일 정도로 미얀마 이주민의 수가 증가했다. 하지만 태국인들은 여전히 은연중에 미얀마인을 무시한다. 2011년 이후에는 테인 세인 정부의 개방 정책과 미국 오바마 대통령의 방문으로 태국 기업들도 미얀마에 대거 투자를 시작했다. 2016년 미얀마의 문호 개방이 가속화됨에 따라 두 나라는 전례 없는 친선 관계를 맺으면서 '친구'가 되었다.

이렇듯 다른 미얀마에 대한 한국과 태국의 인식 차이를 살펴보기 위해 구글 트렌드에 '미얀마'라는 단어를 각각 한국어와 태국어로 각각 입력해 2021년 1월부터 2022년 10월까지의 관심도를 살펴보았다.

우리나라에서는 미얀마에 관심이 저조하다가 미얀마 군부의 쿠데타가 발생하고 반정부 시위가 일어나자 관심도가 급증했다. 2021년 3월 말을 기점으로 관심이 급격히 떨어지다가 5월 중순 무렵 반등세를 보이지만 이후부터는 관심도가 낮은 채로 지속되고 있다.

반면 태국은 기본적으로 미얀마에 관심이 어느 정도 있는

시간 흐름에 따른 관심도 변화

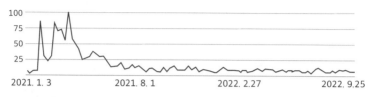

한국 내 '미얀마'에 대한 구글 트렌드 검색 결과

시간 흐름에 따른 관심도 변화

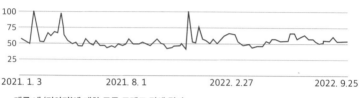

태국 내 '미얀마'에 대한 구글 트렌드 검색 결과

상태에서 2021년 2월에 발생한 쿠데타와 반정부 시위로 관심도가 급증했고 이후 한 번씩 반등하다가 떨어졌다. 태국은 미얀마에 대한 관심도가 중간 수준을 유지하는 양상을 띤다.

흥미로운 점은 시위 초기 첫 두 달을 제외하면 한국에서는 2021년 5.18 시기에 미얀마에 대한 관심도가 반등했다가 6월 중순부터는 매우 낮아진 반면, 태국에서는 미얀마 군의 카렌주 공습으로 접경지인 태국 매솟 지역에서 피해가 발생한 2021년 12월에 두 차례 관심도가 급증했다가 떨어지며 관심도가 중간치를 유지한다는 점이다. 이것만 보더라도 한국과 태국의 언론에서 미얀마를 다루는 비중과 내용이 어떻게 다른지 짐작이 된다.

'먼 나라' 한국과 '이웃 나라' 태국이 보도하는 미얀마 사태는 어떻게 다를까? 이와 같은 차이가 우리에게 시사하는 바는 무엇인가? 여기에서는 세 가지 논점을 통해 양국의 보도를 비교하며 미얀마 사태에 대한 다양한 관점을 제시하고자 한다.

민주주의 vs 민족주의 프레임

한국의 미얀마 사태 보도, 어제의 광주와 오늘의 미얀마

1980년 5월 신군부의 군홧발에 짓밟혔던 광주는 지난 2월 군부 쿠데타로 수많은 희생자가 발생하고 있는 미얀마를 돕는 모금 운동과 항쟁 지지 성명 발표, 미얀마 공동체 지원 등 연대 투쟁해 오고 있다. 김 총리는 "5.18민주화운동과 그 정신은 혼돈의 시대를 밝힌 자랑스러운 우리의 역사"라며 "지금도 광주에서는 군부 독재에 맞서 싸우고 있는 미얀마 시민들을 응원하기 위해 '임을 위한 행진곡'이 울려 퍼지고 있다"고 했다. 41주년을 맞은 5.18의 또 다른 목표가 세계화인데 미얀마 군부 쿠데타를 계기로 더욱 힘을 얻는 모양새이다. 올해 기념식 2막 공연에서는 5.18 사적지와 미얀마에서 민주 항쟁 상황을 함께 보여주는 영상도 선보였다.

(〈중앙일보〉 2021년 5월 18일 자)

미얀마 뉴스를 보도할 때 우리는 광주와 비교하는 것을 쉽게 볼 수 있다. 광주는 미얀마에게 희망의 도시요, 나아가야 할 방향으로 비친다. 미얀마 사람들은 '민주화운동이 승리하면 한국이 되고 실패하면 북한이 된다'는 모토를 가지고 싸운다고 한다. 광주 시민들도 미얀마 사태에 대한 연대 의식이 강하다. '오월 광주의 손길이 미얀마에 도움'을 보내고, '미얀마 광주연대'를 출범시킨 시민 단체는 다방면에서 미얀마의 민주화운동 지지와 지원 활동을 펼쳐나가고 있다.

언론에서도 1980년 5월 광주와 2021년 2월 미얀마의 공통점을 찾아내 비극적인 현장의 사진과 영상을 비교해 보여주었다. 이러한 방식으로 독자들의 공감대와 연대 의식을 끌어내고 미얀마의 오늘을 위로하며 미래의 광주가 될 것이라는 희망의 메시지를 전했다. 5.18을 맞이해서는 여러 인사가 TV 프로그램에 출연해 5.18 민주화 정신으로 군사 독재에 맞서 싸우는 미얀마 시민들을 응원했다. 대통령과 정부 관계자는 물론이고 5.18 희생자의 유가족이나 일반 시민들도 광주처럼 미얀마에도 민주화가 속히 오기를 한마음으로 염원했다. 한국에 거주하는 미얀마인의 사연은 뉴스 인터뷰와 주요 언론 보도와 다양한 콘텐츠를 통해 우리의 마음을 아프게 하고 눈물을 쏟게 했다. 이렇듯 미얀마 사태를 집중 조명한 언론의 영향력은 컸다. 과거 우리의 경험과 시민 의식이 국제 사회에서 잊히지 않고자 노력하는 미얀마인의 열망과 더해져 멀게만 느껴졌던 미얀마에 대해 담론화된 것은 매우 고무적인 일이다.

그러나 많은 보도가 광주와 연계해 '군사 독재-민주화'를 강조한 나머지 미얀마의 특수성에 대해서는 자세히 조명하지 않아 미얀마 사태를 바라보는 시각이 단순화되고, 우리의 광주와 비교해 사람들의 관심을 끌어내는 데만 치중하는 경향이 있다. 조금 과하게 말하자면 자랑스러운 우리의 민주화 운동 기억이 미얀마의 현재에 투영되어 기사를 쓰는 것이다. 이런 기사는 독자의 공감을 끌어내고 기사를 재생산하게 하지만 미얀마 자체에 대한 이해와 관심을 끌어냈다고 보기는 어렵다. 사실 미얀마를 이해하려면 좀 더 근본적인 문제를 간과해서는 안 되는데 그것은 군부와 나란히 군림하는 미얀마 사회의 지배 이념이다.

태국의 미얀마 사태 보도,
극보수 버마·불교 민족주의자의 패권 경쟁

★   우리가 미얀마라는 나라를 이해하고자 할 때 놓치는 부분이 있다. 그것은 미얀마가 내부적으로 갈등하고 단절된 '연방'이라는 점이다. 미얀마의 공식 명칭은 '미얀마 연방공화국'이다. 미얀마는 135개의 소수 민족으로 구성된 연방국으로 버마족이 60퍼센트 이상을 차지하며 중심을 이루는 나라이다.

> 버마의 역사는 버마 군이 미얀마 정치 구조에 뿌리를 박는 과정이다. 군부는 그들이 권력, 민족주의, '민족국가 건설'의 주역이라는 생각으로 쿠데타를 일으킬 때마다 정당성을 부여했다. 이는 틀린 말은 아니다. 아웅 산 장군이 이끈 30인의 동지회가 버마독립군으로 활동하며 독립과 함께 현대 국가를 건설했기 때문이다. 이러한 이유로 그들은 늘 국가건설자라고 주장하는 것이다.
>
> 〈The Momentum〉 2021년 2월 5일 자 기사)

그러나 독립 후 그들은 미얀마 내 여러 소수 민족과 연합하는 데 실패했다. 미얀마는 다양한 민족으로 구성된 나라이기 때문에 이들의 연합은 중요한 문제이지만 과거 대영제국

REPORT

FEB 5, 2021

"อำนาจ ชาตินิยม และความรู้สึกเป็นผู้สร้างชาติ ทำให้ 'กองทัพ' ออกมายึดอำนาจเสมอ" สุภัตรา ภูมิประภาส วิเคราะห์รัฐประหารพม่า

'권력, 민족주의, 국가건설자라는 정서가 군부로 하여금 늘 패권을 장악하게 한다'라는 내용의 보도

의 분할 통치Divide and Rule로 박해받았던 다수의 버마족으로서는 제국주의의 앞잡이로 보이던 소수 민족과 손을 잡는다는 것이 쉽지 않은 일이었을 것이다. 그런 상황에서도 1947년 아웅 산 장군은 몇몇 소수 민족과 팡롱조약을 맺으며 미얀마 연방 창설 및 소수 민족의 동등한 권리를 보장하고자 했다. 하지만 몇 달 뒤 그가 암살당하자 30인의 동지회는 분열되고 팡롱조약은 이행되지 못했다.

이후 군부는 1962년 네 윈의 독재가 시작되며 '탓마도'라는 명칭 아래 '버마족·불교 민족주의'를 표방하고 소수 민족들을 타자화하기 시작했다. 다시 말해 버마족은 '우리'요,

'우리'에 속하지 않는 이들은 '남', 때로는 '적'으로 구분되는 것이었다.

결국 소수 민족에 의한 버마족의 상처는 버마족 중심의 배타적 민족주의로 발전되었고, 외세에 대한 불신은 외국과의 교류 자체를 단절해 버리는 극단적 반외세주의로 발현되었다. 이 같은 군부의 극단적·배타적 민족주의는 미얀마의 지배 이념이 되어 수십 년간 미얀마 사회를 분열시켰으며, 미얀마에서는 독립을 원하는 소수 민족과 정부 사이에 내전이 끊임없이 발생했다.

따라서 미얀마의 내전은 단순히 군사 독재를 타도하기 위한 무장 투쟁으로 볼 수 없으며 민주화운동의 일환으로만 보는 것 역시 편협한 시각이다. 역사적 맥락에서 미얀마의 특수성에 대한 이해가 선행되지 않는다면 현재 발생하는 미얀마 사태를 제대로 보기 어렵다. 또 다른 태국의 주요 언론은 미얀마 사태를 다음과 같이 분석했다.

> 지난 세월 네 윈의 독재, SLORC(State Law and Order Restoration Council), SPDC(State Peace and Development Council)에 이르기까지 군정 체제를 겪어온 수많은 미얀마 사람들은 군부 지도층이든 정당의 인사이든 심지어는 국민 그리고 유명 큰스님들의 설법을 익히 들어온 불교도까지 모두 다 같은 문제를 안고 있다. 그것은

이들이 민족주의에 고양되어 자신들의 민족과 불교에 대한 애정이 지나치다는 것이다. 식민 시절 영국은 유물론적 제국주의 논리로 버마를 상업지로 탈바꿈시켰고, 버마적 정체성과 불교적 가치는 훼손되었다. 이때부터 생겨난 민족주의는 불교도로서의 자부심, 버마적 정체성, 외세에 대한 의구심이 혼합된 형태로 나타나 현재까지 계속되고 있으며, 이것이 바로 미얀마 사회를 깊이 이해할 수 있는 키워드이다.

(〈Matichon〉 2022년 9월 2일 자 칼럼)

이 칼럼을 기고한 라리따 한웡 까셋삿대학교 역사학과 교수는 민주 진영인 민족민주연맹당 집권 당시 오히려 가장 큰 규모의 로힝야족 학살이 발생한 것에 주목해 이 같은 분석을 한 것으로 보인다. 통상 아웅 산 수 치는 민주화의 상징으로 여겨지는데 민주주의의 상징인 아웅 산 수 치가 집권했을 때도 여전히 반민주적인 사건이 자행되었다는 것은 미얀마 사태가 단순히 군사 정권과 이에 반대하는 민주화운동이 아니라는 사실을 역설적으로 보여준다.

흥미로운 점은 태국 기사들을 읽다 보면 한국에서는 보도되지 않은 다양한 사건과 엇갈리는 견해가 모두 보도된다는 것이다. 예를 들면 과거 군정 시절에 투옥된 경험이 있던 한 미얀마의 민주 인사가 이번 군부 쿠데타는 찬성하고 아웅 산 수 치가 이끄는 민족민주연맹당은 규탄했다는 기사, 미얀마 국민 다수가 민족민주연맹당의 국정 운영 방식에 불만을 느끼며 민주 진영보다는 젊은 군인층을 더 지지한다는 기사, 많은 소수 민족이 민주 진영의 억압적인 정치에 질렸다는 기사, 아웅 산 수 치는 자국의 엘리트는 제쳐 두고 90명의 서구 인사를 중책에 임명하여 국고를 낭비했음에도 경제 발전은 부진했다는 기사 등이다. 이같은 태국 언론의 다양한 보도는 미얀마 사태를 좀 더 입체적으로 보여준다.

동시에 이런 기사들은 한국 언론의 보도에 익숙한 이들에게는 당혹감을 안겨줄지도 모르겠다. 한국 언론은 주로 군부의 폭력적인 만행과 그에 저항하는 시민들의 모습을 보도하기 때문에 우리 머릿속에는 마치 미얀마 시민들은 모두 군사 정권에 대항하고 민주 진영을 지지할 것이라는 이미지가 생겨나기 때문이다. 다시 말해 언론의 프레임 속에 갇혀 단순하고 단일한 시각으로 그 사회를 바라봄에 따라 보도 밖의 실상은 매우 복잡하고 역동적이라는 사실을 간과하게 되는 것이다. 따라서 미얀마 사태를 민주화가 아닌 다른 시각, 예를 들어 배타적 민족주의가 낳은 비극적 사태로 바라보는 것은 우리에게 의미 있는 관점을 제공한다.

민주주의적 프레임으로 미얀마 사태를 보면 우리는 시민 사회를 일구어낸 주역이자 독재 타도의 자랑스러운 선배이므로 '광주 시민과 닮은' 그들을 잊지 말자고 응원하고 독려하게 된다. 한편 우리의 언론은 너무나도 쉽게 고통스러운 난민의 모습을 보여주면서 주변국이 미얀마 난민을 받아주지 않는 것에 대해 고발하듯 보도하지만 실상 우리나라에 거주하는 총인구의 1퍼센트도 되지 않는 난민에 대해서는 "받아주었더니 범죄를 일으키는 우리 사회의 해악 집단"인 양 보도하는 것이 비일비재하다. 즉 미얀마 사태를 민족주의적 프레임으로 보게 되면 매우 불편해지는 것이다. 우리 사회는 획일적이고 배타적인 민족주의적 서사로 일어져 있어 현실은 이미 이미 다문화 사회이며 개방된 사회이지만 내부에서는 혐오주의와 배타주의적 태도가 극에 달하고 있다.

우리 정부는 국익에 반할까 봐 싶어 중국 신장 위구르 인권 문제에 대한 유엔 인권이사회 결정안 표결에서 찬성표를 던졌지만 유엔 총회 성명에는 불참했다. 이렇듯 인권 수호 가치를 전적으로 지지하지 못한 정부의 입장에 대해 비판하는 목소리도 있지만 그러면서도 한편으로는 중국과의 관계가 틀어질까 봐 걱정하는 것도 사실이다. 우리 국민은 이것이 얼마나 복잡한 문제인지 안다. 이것은 우리의 현실이자 지정학적으로 얽힌 대한민국의 대외적 문제이다.

우리의 배타적인 민족주의는 어떠한가. 탈북자나 난민에게 얼마나 따가운 시선을 보내는가. 그렇다고 우리가 미얀마 뉴스를 단순히 군사 독재와 민주화운동 프레임에서만 봐야 할까. 그들의 현실이 단지 그것으로만 표현할 수 있는 것이 아니라는 것을 보여주어야 하는 것은 아닐까.

자유 민주주의와 인권은 우리 사회에서 중요한 가치이다. 그런 만큼 많이 수용되고 재생산된다. 반면 난민 문제나 소수 민족 문제에 대해서는 상대적으로 잘 와닿지 않기 때문에 관심이 적다. 그러나 미얀마 사태를 배타적 민족주의가 낳은 비극적인 역사로 조명할 수 있을 때라야 비로소 우리의 시야는 조금 더 성숙해질 수 있을 것이다.

자극적 단순 보도 vs
복잡한 현실 보도

★   미얀마 정부군이 사가잉주에서 학교를 공격해 어린
학생을 죽이고, 민간인 행사장을 공습해 유명 가수와 아티스
트를 비롯한 민간인을 학살했다는 뉴스, 군부가 로힝야족을
학살하고 난민이 100만 명에 이르도록 방관하며 온갖 질병과
범죄에 노출된 이들에 대한 보도…. 이런 기사는 언론의 초점
이 군부의 흉악하고 야만적 행위에만 집중되고 있는 느낌이
강하다. 왜 이러한 사건이 일어났는지, 그들이 무엇 때문에
그토록 비참한 생활을 하게 되었는지, 왜 구제받지 못하는지,
그 이면에는 어떤 관계가 얽혀있는지에 대한 자세한 설명보
다는 자극적인 사진과 단편적인 설명의 기사가 많다. 로힝야

족 탄압과 아웅 산 수 치에 대한 보도는 이 같은 언론의 자극적 단순 보도를 잘 보여주는 사례 중 하나이다.

자극적 단순보도 사례:
아웅 산 수 치는 민주화의 상징인가? 학살의 가담자인가?

미얀마 군부 독재에 항거해 '민주화 성녀'라 불렸던 아웅 산 수 치를 '마녀'로 묘사한 사진을 들고 사람들이 시위를 벌입니다. 미얀마 군부가 소수 민족인 로힝야족을 탄압해 사망자와 난민이 속출하고 있는네도 아웅 산 수 치가 자기변명만 늘어놓고 있다는 주장입니다. 불교 국가인 미얀마에서 무슬림인 로힝야족의 수난 사태는 해묵은 문제입니다. 하지만 반군을 빌미로 한 미얀마 정부군의 무자비한 진압 속에 로힝야족 사망자 수는 1,000명에 이르렀고 40만 명에 가까운 난민이 발생했습니다. 그러나 아웅 산 수 치는 로힝야족 사태를 가짜 뉴스라고 폄훼하고 침묵하고 있습니다. 아웅 산 수 치는 수차례 투옥과 가택 연금을 거치며 미얀마의 민주화를 이끌어온 공로로 노벨 평화상을 수상한 인물. 아웅 산 수 치가 비폭력 민주주의와 인권 투쟁의 산물로 받은 노벨 평화상을 박탈하라는 청원 운동까지 벌어지고 있습니다.

(채널A 뉴스 2017년 9월 14일 자 보도)

2017년 8월 아라칸로힝야 구원군이 라카인주의 경찰 초소를 습격하자 미얀마 정부군은 라카인주 로힝야족⬥ 거주지를 토벌하는 사건을 벌였다. 정부군은 아라칸 군대를 징벌하는 것으로 그치지 않고 민간인 거주지에 침입해 여성들을 성폭행하고, 수천 명에 이르는 대량 학살과 방화를 자행했다. 이에 따라 그동안 온갖 박해를 받으면서도 거주했던 주민들은 신변의 위협을 느꼈고, 약 70만 명이 방글라데시의 콕스바자르에 위치한 난민촌으로 피난을 떠났다. 그곳에는 이미 2012년 라카인주에서 발생했던 불교도 주민들과의 대규모 갈등으로 대피한 피난민들이 거주하고 있어 난민촌의 로힝야족 난민 수는 바야흐로 100만 명을 넘어섰다.

이와 같은 비극적인 사건이 아웅 산 수 치가 국가 고문으로 이끄는 민주 정권 시기인 2017년에 발생했다는 것은 전 세계 많은 이들에게 경악할 일이 되었고, 세계 곳곳에서 민

⬥ 로힝야족은 11세기 전후 아라칸 지역에 정착한 한 소수 민족으로 실제 버마 영역으로 편입된 것은 1785년경이다. 이 지역은 아라칸산맥으로 대부분의 미얀마 지역과 단절되어 있어 오히려 서남아시아와 교류가 많았으며, 방글라데시(이슬람), 인도(힌두), 아라칸(불교)이 어우러진 문화권이다. 영국은 이 지역을 점령한 1826년 이후 칼라단강 하구에 위치한 시트웨를 중요한 항구 도시로 만들었다. 칼라단강은 세계에서 다섯 번째로 넓은 강으로 강 하구는 중요한 교역로이자 비옥한 충적평야 지대이며, 미얀마 이라와디강 유역에 버금가는 쌀 생산지이다. 따라서 많은 민족이 이곳에 정착하기 위해 몰려든 것으로 추정된다. 로힝야족도 그중 하나라고 보고 있다.

주화의 상징인 아웅 산 수 치에 대한 규탄의 목소리가 이어졌다. 우리 언론도 예외는 아니었다. 이런 상황 속에서 "민주화의 성녀는 탄압의 마녀"가 되었고, 로힝야족은 "무슬림이기에 불교 국가로부터 박해받아" 난민이 되었다.

국제 사회는 아웅 산 수 치에게 걸었던 미얀마의 민주화 기대가 컸던 만큼 그에 대한 실망이 더욱 컸을 것이고 이 모든 사건에 대한 책임을 아웅 산 수 치에게 쏟아냈다.

복잡한 현실 보도 사례: 라카인주의 갈등 속 삶

라카인주의 갈등 유발 요소는 세 가지로 볼 수 있습니다. 이 지역에 계속 유입되는 무슬림 방글라데시인의 숫자가 늘어난 것이고, 이에 대해 버마·불교 민족주의자들의 우려가 부딪히게 되었습니다. 이들은 방글라데시도 옛날에는 불교 국가였지만 지금은 이슬람국가가 된 것처럼 이들의 수가 증가하면 미얀마도 이슬람국가가 될 것이라고 우려하는 것입니다. 이 두 세력이 반목하는 상황에서 한정적인 토지와 자원 배분 문제와 이 지역에서 자주 발생하는 싸이크론, 홍수 등과 같은 환경적 이유는 경제 활동을 더욱 어렵게 했습니다.

(Thairath TV 2015년 6월 6일 자 보도 중 발췌)

로힝야족 문제에 대해 외부적으로 도움을 주고자 세계적인 움직임이 있다. 유엔의 국제재판소와 아르헨티나 법정, 방글라데시 등 많은 국가에서 미얀마 정부의 악행을 중지하기 위해 노력하고 있다. 그러나 미얀마 내부 상황을 보면 국회의원의 60퍼센트 이상이 군인이고 이들만으로 법안 발효가 가능하기 때문에 아웅 산 수 치 정권은 허울뿐인 민간 정부이며, 민주 진영은 힘이 없다. 또한 대다수의 국민들은 로힝야족은 미얀마인이 아니라는 인식이 강하기 때문에 민주 진영에서도 대다수 지지자들의 의견을 무시하기 어려운 실정이다. 이러한 상황에서 할 수 있는 것은 2010년 이전에 해 왔던 것과 같은 경제 제재뿐인데 이 또한 쉽지 않다. 왜냐면 서방 국가들은 이미 경제 제재를 가했지만 현재 미얀마는 러시아, 중국, 태국, 인도 등 미얀마의 천연가스로 수혜를 받는 국가들과 여전히 교류할 수 있기 때문이다. 아웅 산 수 치 혼자서는 구조적으로 로힝야 문제를 해결할 수 없다. 이 문제를 해결하기 위해서는 다차원의 논의와 협력이 필요한데 이것이 이 문제를 더욱 어렵게 만드는 지점이다.

〈Way magazine〉 언론 2019년 11월 19일 자 기사 중 발췌)

위 기사들은 로힝야 문제에 대해 아웅 산 수 치 한 사람에게 비난을 쏟기보다는 다양한 각도에서 상황을 분석해 보도하고 있다. 라카인주의 불교도-이슬람교도(로힝야) 갈등은 단

라카인주의 갈등 유발 요소를 그래픽으로
보여주는 언론 보도

"아웅 산 수 치와 로힝야 문제: 세계가 미
얀마를 이해(하려) 하지 않을 때"라는 메인
타이틀의 기사

순히 종교적인 문제가 아니라 종교적인 측면과 그것을 정치
적으로 이용하는 정부, 그 선전에 가담하는 국민들, 이 지역
의 풍요로움으로 몰려드는 인구와 잦은 자연재해로 악화되
는 경제적 요인까지 여러 측면에서 문제를 지적하고 있다. 또
한 이 같은 로힝야족 사건에 대해 아웅 산 수 치의 무능함을
고발하는 동시에 무능함이 초래될 수밖에 없는 사회적·역사
적 맥락을 함께 보여주고 있다.

같은 사건 vs 다른 입장

국민통합정부의 정부군에 대한 전쟁 선포 보도 사례

★ 태국의 한 언론사는 2021년 9월 7일 두와 라시 라 대통령 대행이 페이스북을 통해 군사 정권에 전쟁을 선포한 것에 대해 다음과 같이 기술했다.

> "지난 2월 1일 군부가 쿠데타를 일으킨 이래 국민은 기본적인 생활도 제대로 할 수가 없다. 이에 항거하고 그들의 절대적인 권력을 전복시키기 위해 비상사태를 선포하고 시민방위군과 국민 모두가 일어나 무기를 들고 싸울 것을 당부한다. 우리는 전쟁으로 군부의

권좌를 무너뜨릴 수 있다."

본 성명은 민족연합정부의 페이스북 페이지를 통해 게재되고 전
국의 시민들이 무기를 들고나와 군사 정부에 맞설 것을 촉구했다.
이러한 성명은 아세안의 미얀마 특별대사 아리안 유서프의 조언
에 따라 군부가 전국 각지에 보급품을 전달하기 위해 올해 말까지
사격을 중지할 것을 수용한 지 하루 만에 일어난 일이다.

(태국 〈MGR Online〉 2022년 9월 7일 자 기사 중 발췌)

기사는 군부가 한발 물러섰는데 임시정부는 오히려 전쟁
을 선포함으로써 끊임없는 무력 충동을 부추기므로 바람직
하지 않다고 조명하고 있다. 같은 날 한국의 언론들은 이 성
명에 대해 "미얀마의 민주 진영이 군부를 상대로 전쟁 선포"
또는 "미얀마 국민통합정부, 군정에 '저항 전쟁' 선포" 등의
헤드라인과 "대통령 대행이 시민들에게 일어나 싸우자고 촉
구했다"고 보도했다. 흥미로운 점은 한국 언론은 매우 중립
적인 입장에서 보도한 반면, 태국 언론은 임시정부를 비판하
는 입장, 군부를 비판하며 임시정부는 평화를 위해 유혈 항
쟁을 피할 수 없다고 동조하는 입장, 한국과 같이 거의 중도
적인 입장 모두가 나타났다는 것이다. 미얀마에 대한 이해관
계가 훨씬 복잡한 태국에서 다양한 입장이 반영된 뉴스가 쏟
아지는 것은 당연하다.

"아세안 합의 수용한 군부 사격 중지, 곧이어 미얀마 임시정부 전쟁 선포"라는 헤드라인
의 기사

미얀마에 진출한 우리 기업 보도 사례

★　　미얀마 사태에 대한 한국 언론의 보도는 대체로 민주
주의 프레임에서 바라보기 때문에 보수·진보와 같은 진영 논
리에서 벗어나 비슷한 입장이 두드러졌다. 그런데 경제 관련
보도에서는 차이점이 드러나는 것을 발견할 수 있다.

한·미 정상은 지난 21일 공동 성명을 통해 현 미얀마 상황에 대해
"양 정상은 미얀마의 쿠데타와 민간인들에 대한 미얀마 군의 잔인

한 공격을 단호하게 규탄한다"며 미얀마 군정을 압박했다. ○○○ 의 미얀마 현지 사업용 자산의 장부 가치는 지난해 280억 원 감소한 상황이다. 미얀마 군부가 지난해 초 쿠데타로 정권을 잡은 뒤 발생한 정치 경제적 혼란의 후폭풍이다. 미얀마 군정 당국은 지난 4월 민간이 보유한 외환을 의무적으로 현지 화폐로 환전하라고 지시했다가 반발이 일자 외국계 기업 등에 대해서는 예외를 인정하겠다고 번복하기도 했다. ○○○의 미얀마 식량 사업 관련 자산은 휴지 조각이 되기 일보 직전이다. 사업을 담당하는 미얀마 내 자회사 장부 가치는 68억 원에서 8억 원으로 감소했다.

(〈조선일보〉 2022년 5월 23일 자 기사)

시민 모임은 미얀마 석유가스공사(MOGE)와 슈웨 가스전 사업을 하는 ○○○이 쿠데타 세력의 인권 유린에 눈감고 계속해서 가스 수익금을 쿠데타 세력에게 지급하고 있다고 주장했다. 지난 21일 에너지 기업인 프랑스 토탈과 미국 셰브런은 군부 쿠데타 이후 미얀마의 인권과 법치가 훼손됐다며 사업 철수를 발표했다. 시민 모임은 "○○○ 역시 '쿠데타 세력의 핵심 자금줄인 석유가스공사에 대한 대금 지급을 중단하라'는 미얀마 시민들의 목소리에 귀 기울여야 한다"고 밝혔다. 미얀마 친족 출신 유학생 찬빅재 씨는 이날 기자 회견에서 "한국 정부는 '미얀마를 돕겠다'고 했지만 미얀마에서 (활동하는) 한국 기업들을 방관하고 있다"며 "한국 정부가 제대로 된 조처를 해달라"고 말했다. 전은경 참여연대 국제연대위원회 활동가는 "지난 26일 미국 재무부도 '심각한 인권 유린을 이어 온 쿠데타 세력을 규탄한다. 국제 사회 기업들은 쿠데타 이후 심화한 부패와 불법적 금융 활동, 심각한 인권 유린에 기여하지 않을 책임이 있다고 강조했다"고 말했다.

(〈한겨레〉 2022년 1월 27일 자 기사)

두 기사를 보면 기본적으로 미얀마 군부의 잔인한 민간인 공격에 대해서는 단호히 규탄한다는 동일한 입장을 취하면서도 〈조선일보〉의 기사는 미얀마 내에 투자한 기업이 쿠데타의 영향을 받아 실적과 기업 가치가 매우 줄어들었으므로 피해자로 기술한 반면 〈한겨레〉의 기사에서는 같은 기업에 대해 인권을 유린하는 군부에 자금줄을 대주는 가해자로 기술하고 있다.

이는 '우리'의 이해관계가 개입될 때 '그들의' 인권 문제가 여전히 최우선이 될 수 있는지 보여주는 대목이다. 또한 기사를 소비하는 주 독자층의 차이를 반영한 것으로도 해석할 수 있다. 편파적인 입장을 취하는 것은 주 독자층의 구미에 당기는 뉴스를 생산해 더 잘 팔리게 하려는 것이겠지만 독자에겐 편향적 성향과 혐오 메커니즘을 심어줄 수 있다.

미얀마 정부군의 카렌주 공격과 태국 영공 침범 사건 보도 사례

★   2022년 6월 30일 태국 영공에 미얀마의 전투기 미그 29기가 약 5km 내 상공에서 15분간 비행하다가 빠져나가는 사건이 발생했다. 이 지역은 카렌주와 접경한 곳으로 태국의 영토가 미얀마 쪽으로 돌출되어있어 미얀마 정부군이 비행을 하다가 태국 영공에 침입하게 된 것이다. 그런데 태국 공군은 사건 발생 약 1시간 뒤 추격기를 한 번 띄우고, 총리와 정부 관계자들 모두 미얀마를 두둔하는 데 급급했다. 이 사건은 복잡한 태국의 입장을 잘 보여준다.

> 아세안의 합의는 미얀마와 먼 나라들의 입장에 기인한다. 태국처럼 2,400km를 맞붙은 밀접 국가와는 상황이 다르다. 미얀마 내 폭력과 시위는 태국 사회의 안정에 직접적인 영향을 미친다. 따라서 우리는 매우 신중하게, 어떤 결과를 초래할지 생각하면서 움직여야 한다.
>
> (태국 외교부장관의 발언)

같은 사건에 대해 중도와 진보 언론 기사들은 태국이 주권국으로서의 위상이 땅에 떨어졌다고 정부를 맹비난했다. 미얀마 군이 '실수로' 비행한 15분이면 태국의 수도인 방콕까

"공군 총사령관, 제대로 대응했다 인정, "미얀마는 친구", 친구가 실수로 앞마당 넘어와 잔디 깎으면 총 쏴 죽이나?"라는 메인 타이틀은 복잡한 태국의 입장을 잘 보여준다.

지 오고도 남을 시간인데 태국 공군의 대처 능력이 의심스러운 수준이라고 비판했다. 특히 이 사건으로 태국의 해당 지역 초등학교 학생들이 공포에 떨며 대피하는 사건이 일어났는데도 정부가 자국민에게 사과는커녕 미얀마 군을 대변하는 것은 누구를 위한 정부인지 모르겠다고 비난했다. 게다가 사건 전날 태국의 공군 총사령관이 미얀마의 민 아웅 흘라잉 사령관을 예방한 미얀마 MRTV 보도가 발견되자 태국 군이 이미 알고 이를 눈감아준 것이 아니냐는 의혹도 일었다.

이렇듯 엇갈리는 언론은 아세안의 입장에서도 나타난다. 이제까지 아세안은 내정불간섭의 원칙을 지키며 서로의 정세에 대해 언급을 피해 왔다. 그러나 2022년 미얀마와 별 다름없는 독재자 훈센 총리가 의장이었는데도 미얀마를 회의에 참여하지 못하도록 한 것은 눈여겨볼 만한 사항이다. 이는 아세안의 만장일치 합의에 균열이 생겼다는 것을 의미한다.

태국은 미얀마와 바로 붙은 인접 국가로 대표적인 미얀마의 '친선국'이다. 캄보디아, 라오스, 베트남은 중국과 친선을 하는 국가들로 미얀마의 쿠데타에 전혀 영향을 받지 않는다. 필리핀 또한 미얀마에 큰 영향을 받지 않는 국가이다.

한편 말레이시아의 외교부장관은 최초로 미얀마의 연합정부와 접촉했다. 그는 아세안이 만장일치 합의 5조항 성명을 내는 정도로는 문제 해결이 어렵다고 주장하며, 미얀마 국민이 군부를 인정하지 않고 있고, 국민통합정부를 정부로 인정해 달라는 의견이 있으므로 아세안이 이들 양측과 모두 만나 문제를 해결해야 한다고 촉구했다.

미얀마 문제로 아세안의 균열이 시작되었다. 이는 결국 이해관계에서 비롯된 것이다. 태국은 정치·경제·사회 분야를 망라해 미얀마와 협력할 사안이 다양하기 때문에 미얀마에 대해 말레이시아와 같은 입장을 취하기는 어려운 실정이다.

태국 정부의 입장과 그들의 입장을 보도하는 기사들은 마치 우리가 신장 위구르를 보도하는 입장과 겹친다. 현실적 이해관계가 발생할 때 우리는 어떤 기사를 쓸 것인가? 미얀마 사태가 장기화되자 우리 외교부가 미얀마공관을 통해 시위가 있을 시 우리 국민의 외출 자제를 권고했다는 기사가 보도되었다. 거리에 나와 시민불복종을 이행하는 이들을 영웅으로 보도하는 기사와, 우리 국민이 다치지 않도록 정부의 입장을 표명하는 기사는 우리의 이상과 현실을 극명하게 보여주는 단적인 예이다. 세상의 일이 나의 문제가 되면 복잡다단해지는 것이고, 나와 상관없는 일이 되면 이상적 관점에서 쉽게 단정 짓고 결론지어 버린다. 상황을 제대로 파악하지 못하는 우리의 단정이 아무렇지 않게 단죄의 말을 하게 한다. 단편적으로 조각난 지식은 편의에 따라 취사 선택된다.

미디어는 그러한 지식들을 연결시켜 보여주어야 한다. 우리가 추구하는 이상적 관점에서 그들의 현실을 파악하고 단죄할 것이 아니라 그들의 현실을 파악하고 이해할 수 있도록 보도해야 할 것이다. 이를 가능하게 하려면 그 지역의 사회적·역사적 맥락을 파악하는 것이 중요하다. 이는 사건을 단순히 보도하는 것을 넘어 그 사건이 시사하는 바를 이해할 수 있게 해 준다.

선택적 관점의
국제 뉴스를 넘어서

★　　지금까지 태국과 한국의 미얀마 사태 보도를 통해 양
국의 입장이 얼마나 다른지, 그것을 언론은 어떻게 보도하는
지 살펴보았다. 민주주의를 이룩한 한국은 민주주의적 프레
임에서 미얀마의 민주화를 함께 지지하고 염원한다. 그러나
최근까지도 군부 독재가 반복되었던 태국에서는 민주화운동
에 초점을 맞추는 동시에 미얀마의 고질적 문제인 버마식 민
족주의에 대해 지적한다.

하지만 민족주의로 미얀마 사태를 바라보는 것은 우리에
겐 아직 불편하다. 겉모습은 다문화사회이지만 우리 사회는
여전히 타민족에 배타적인 태도가 크기 때문이다. 더욱이 미

얀마 사태의 가장 큰 문제 중 하나는 난민 문제인데 우리는 미얀마 주변국이 난민을 받아주지 않는 것을 안타깝게 여기는 동시에 우리가 난민을 받아줄 자세는 되어있지 않다.

우리에게 미얀마 사태는 먼발치에서 승리한 광주의 역사가 미얀마에서 다시 써지기를 응원하는 것이다. 우리의 이상과 기대는 순수하고 미얀마에 도움이 되지만 우리가 그 역내에서 벌어지는 일을 깊이 이해하려면 좀 더 다양한 시각으로 보는 자세가 필요하다. 그러므로 미디어는 우리의 입장에서 바라본 시각과 더불어 그 사회적 맥락에서 그 사건이 어떤 의미를 지니는지 보여줄 수 있어야 한다. 그럴 때라야 비로소 독자들이 뉴스를 좀 더 여러 시각에서 파악할 수 있을 것이다.

3장

유럽과 한국이 바라보는 난민 사태

Global Media Literacy for Global Citizen

김태식(말레이시아 모나시대학교 미디어커뮤니케이션 교수)

최근 우크라이나에서의 전쟁은 전투가 휩쓸고 간 지역의 참상과 함께 전쟁을 피해 이웃 나라로 이동하는 사람들의 절박한 모습으로 전달되었다. 이러한 정치, 사회 등 거시적 환경의 변화로 인해 국경을 넘어 이동하는 사람들을 흔히 '난민'이라고 부른다. 물론 그 사회 환경을 어떻게 해석하느냐에 따라, 그리고 이동의 방향과 규모에 따라 난민은 다르게 규정될 수 있다. 우크라이나나 미얀마 로힝야 난민 같이 분쟁과 갈등으로 이동하는 난민도 있는 반면 뿌리 깊은 구조적인 경제 문제로 인해 스스로 국경을 벗어나는 사람들도 있다. 후자의 경우 제두적으로는 난민이 아니지만 사실상 난민화된 삶을 사는 경제 난민이다.

난민을 다루는 미디어의 행태와 의미에 대해 토론하는 이번 장에서 난민은 우리가 '사태'로 인식하는 난민, 즉 국내외적 변수로 단기간 대량으로 발생한 난민에 한정한다. 난민은 늘 있었지만 난민이라는 특수한 인구 집단이 우리에게 인지되는 것은 미디어가 그 사람들의 이동을 '사태'로 다룰 때이기 때문이다. 그래서 어쩌면, 미디어에 등장하는 난민이라는 주제 자체가 난민 문제를 고스란히 드러내는지도 모른다.

세계를 지리 정치학적 혹은 지리 경제학적으로 분류할 때 정치적으로 불안정하거나 경제적으로 불리한 조건에 놓여있는 곳을 우리는 흔히 '제3세계' 혹은 '글로벌 사우스*Global South*'라고 부른다. 지구적 인구 이동의 가장 주된 흐름은 이러한 불안정한 지역에서 안정되고 풍요로운 제1세계 혹은 글로벌 노스*Global North*로 이동하는 것이다. 미디어에 의해 흔히 '난민 사태'❏로 불리는 인구 대량 이동 역시 유사한 방향으로 진행되어왔다. 따라서 난민 사태라는 말에는 단순한 인구 대량 이동이라는 규모의 의미에 더해 지구상의 골치 아픈 정치·경제적 문제를 품고 있는 인구의 이동이라는 의미까지 자연스레 더해진다.

인터넷과 모바일 기술의 발전과 함께 미디어의 생산과 소비 양식은 급속도로 변하고 있다. 난민과 같은 국제적으로 벌어지는 사안에 대한 미디어의 반응 역시 이러한 미디어 기술 환경의 변화와 함께 변하고 있다. 세계 구석구석에서 벌어지고 있는 사건이 네트워크를 통해 실시간으로 시각

❏   당시 유럽어권에서 Refugee Crisis 혹은 Migrant Crisis로 불렸는데 영어 Crisis의 사전적 의미인 '위기'보다는 한국에서 보편적으로 사용하는 '사태'가 그 본래 의미에 가깝다.

화되고 있다. 미디어와 같은 정보 생산자들이 만든 정보가 이용자들을 통해 빠르고 간편하게 정리되어 새로운 형태로 공유되는 환경이 된 것이다. 이런 환경 속에서 사회의 여러 문제를 담고 있는 사회 현상은 특정한 심상으로 응축된 사건과 사태로 그려진다. 복잡한 원인으로 발생하는 난민은 이러한 과정에서 골치 아프고 위태로운, 그래서 피하고 싶은 부정적 인식을 담은 조각의 정보가 되어 전 세계를 아우르는 미디어의 네트워크 속에서 소비된다.

난민이라는 국제적인 사회 현상이 미디어를 통해서 어떻게 '사태'로 다루어지고, 단편적이고 편향적인 시선에 노출되는지 이 장에서는 2015년 유럽의 난민 사태를 다루는 유럽 미디어의 보도 경향을 중심으로 살펴볼 것이다. 그리고 난민이라는 집단에 비교적 익숙하지 않은 한국 사회에서 미디어를 통해 사건이 되는 난민이 어떻게 그려지고 있는지 알아볼 것이다. 2015년 이래 한국 사회도 예멘과 아프가니스탄 난민을 둘러싼 사회적 갈등을 경험한 바 있다. 그 과정에서 드러난 왜곡된 시각들의 한 원인이라고 할 수 있는 미디어의 난민 보도에 대한 문제점을 역시 짚어볼 것이다.

2015년, 유럽 곳곳

★   중동, 북부 아프리카 등지에서 유럽으로 이동하는 이주민은 그리 새로울 것 없는, 국경을 넘는 인구 이동의 대표적 사례이다. 하지만 2015년의 대량 이동은 100만 명이 넘는다는 추정에서 알 수 있듯이 그 규모가 전례 없는 수준이었다. 또한 그 이동 과정에서 벌어진 사건과 사고, 입국과 수용을 둘러싼 유럽 내 갈등 등이 뒤엉키면서 '사태'라고 불릴 만큼의 사회적 충격을 주었다. 2011년 이래 지속된 시리아 내전을 피해 이동해온 시리아인이 가장 많았고 아프가니스탄, 이라크 등의 중동 지역 난민들과 에리트레아를 비롯한 일부 아프리카 국가 출신의 난민들도 주를 이루었다. 지리적 조건

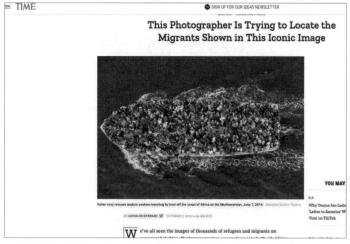

This Photographer Is Trying to Locate the Migrants Shown in This Iconic Image

지중해 난민선의 참혹한 현실을 상징적으로 보도한 〈타임〉지의 2015년 10월 7일 자 기사

으로 인해 이들의 이동은 주로 이탈리아, 스페인, 그리스 등 남유럽 지중해를 통해 이루어졌고, 당시 망망대해에 떠 있는 작은 배에 빽빽히 들어찬 이주민들의 모습은 시각적 충격을 주기도 했다.

열악한 이동 환경으로 인한 각종 해상 사고가 연일 보도되어 사태의 현상을 더욱 극적으로 만들기도 했다. 육로에서는 국경 갈등으로 난민 문제가 본격적으로 사태화되었는데 튀르키예에서 유럽으로 진입하는 과정, 세르비아를 비롯해 발칸 지역에서 유럽연합 역내로 진입하는 과정 등이 연일 미디어에서 보도되면서 국제적 난민 사태의 분위기를 형성했다.

이후 연구자들은 2015년 유럽으로의 대량 인구 이동을 세 시기로 나누어 설명하고 있다. 먼저, 2015년 4월경부터 잦아진 해상 사고와 발칸 반도의 비유럽연합 국가인 세르비아와 헝가리 사이의 월경 방지 목적으로 철조망을 설치한 사건을 사태의 시작으로 본다. 이전에도 중동, 북부 아프리카 등지에서 이주민들의 해상 이동과 유럽연합 역내로의 월경이 있긴 했지만, 이 시기에 특히 국제적 이목을 집중시키는 사건·사고가 연이어 발생했고 이것들을 미디어가 조명하면서 사태로써의 의미가 형성되기 시작했다. 이 시기는 이동의 규모가 커짐에 따라 유입된 사람들의 잠재적 위험성과 그들이 벌이는 불법적·탈법적 행위에 대한 비판적 시각이 증가하는 시기였다. 한편으로는 잦은 해상 사고에 대한 우려와 인도적 접근을 요구하는 유럽 사회의 여론이 등장하는 시기였다.

　두 번째 시기는 2015년 여름, 유럽으로 향하는 길목과 유럽 내에서 벌어진 비극적인 사건들과 함께 동정의 여론이 급격히 증가하는 시기이다. 일련의 사건·사고가 각종 미디어를 통해 전달되는 과정에서 사태로써의 난민 이동이라는 의미가 완성된 기간이기도 하다. 지정학적 피해자로서의 난민이 다시 사건·사고의 피해자로 그려지면서 유럽 시민 사회의 난민 비판 여론에 짧은 반전이 일어나기도 했다.

　비극에 대한 동정적 시선에도 불구하고 9월 들어 각 국경

Shocking images show 86 migrants packed inside truck on Austria highway

Asylum-seekers from Afghanistan, Iraq and Pakistan include 16 children and an eight-months pregnant woman

By Justin Huggler
10 August 2015 · 7:25pm

The migrants had been locked inside this lorry for more than 12 hours | CREDIT: Photo: AFP/Austrian Police/Handout

Shocking pictures show how 86 migrants were found trapped inside an abandoned lorry in temperatures of 95F (35C) in Austria...

오스트리아-헝가리 국경 고속도로에서 벌어진 컨테이너 트럭 내 난민 사망 사건을 보도한 〈텔레그라프〉지의 2015년 8월 10일 자 기사

의 혼돈 양상은 더해졌고 이후 유럽 각국의 정부들은 자국의 안전과 이익을 내세워 국경 봉쇄를 단행하거나 난민 수용 거 부 의사를 표시했다. 이러한 난민 문제의 국내 정치화 과정 은 난민에 대한 부정적 논의의 확산을 가져왔고, 이후 11월 파리에서 벌어진 테러와 함께 비판적 여론이 급증했다. 이 시 기를 유럽 난민 사태의 3기로 분류한다.

난민 이동의 증가에 따라 미디어는 각종 사건·사고 보도 를 연일 쏟아냄과 동시에 국내 정치권과 시민의 격렬한 반응

을 집중 보도하면서 2015년 난민 대이동을 사태로써 그리기 시작했다. 지중해를 건너는 난민들을 위태롭게 태운 보트의 이미지는 사태의 시작을 알리는 역할을 했다. 2015년 여름을 지나며 벌어졌던 충격적인 사건들은 연일 유럽을 비롯한 전 세계 미디어의 소재가 되어 본격적으로 국제적인 사태로 발전했다. 8월에는 헝가리에서 오스트리아 국경을 넘는 트럭 화물칸에 71명의 이주민들이 사망한 채 발견된 사건이 있었고, 곧이어 튀르키예 해안에서는 시리아 출신의 유아가 사망한 채 발견된 사건이 발생했다. 이 두 사건은 당시 유럽 대중에게 큰 충격을 안겨주었고, 미디어의 보도와 관련 이미지는 SNS를 통해 급속히 공유되었다.

비슷한 시기 세르비아에서 헝가리를 가르는 철조망을 넘어 국경을 건너는 난민의 발을 의도적으로 걸어 넘어뜨린 헝가리 기자의 사건은 미디어 윤리와 미디어 종사자의 자세에 대한 논쟁과 함께 세계 곳곳 뉴스 미디어와 사회관계망에 폭발적인 이슈로 등장했다. 그리고 이러한 사건·사고는 뉴스 가치가 있는 미디어의 소재가 되어 적극적으로 조명되었다.

유럽 미디어가
그리는 '사태'

★   2015년 난민 이동의 이례적 증가, 이동 과정에서의
갈등, 그를 둘러싼 국제적 갈등으로의 비화 등을 고려해 보
면 2015년 유럽의 난민 사태를 미디어가 오롯이 만들어냈다
고 볼 수는 없다. 당시 일련의 비극적인 사건들과 인구 유입
이 초래하는 사회 갈등은 사태라고 불리기에 충분했다. 하지
만 사람들의 인식이 실제 일어난 사건 혹은 현상과 항상 일
치하는 것은 아니다. 난민의 이동, 관련된 사건·사고, 그로
인한 사회 갈등은 2015년 전후로 지속되었지만 사회 문제로
써의 사태의 이미지는 미디어가 어떻게 현상을 전달하는지
에 따라 결정되기 때문이다.

당시 난민 이동은 유럽연합 안팎의 복잡한 갈등을 드러내는 사안이었던 만큼 미디어에 비치는 모습 역시 다양했지만 '사태'로써의 난민 이동을 의미화하는 미디어의 보도 경향성에는 다음과 같은 두 가지 특징이 있었다.

비극적 사태가 된 난민 이동

★   첫째, 이전의 난민 관련 보도와 크게 다르지 않게 피해자 혹은 희생자로서의 난민을 강조하고, 피해자성을 통해 난민 이동이라는 복잡한 현상을 비극적 사태로 단순화시키는 경향을 보였다. 이 과정에서 피해자로 의미화된 난민은 피해자다운 현실의 유무에 따라 유럽 대중 여론에 영향을 받는 존재가 되었다. 대형 사고 혹은 충격적인 사건 중심으로 보도가 집중되면서 난민은 위태로운 존재로 규정되었다. 위태롭다는 것은 도움과 동정의 여론 변화를 이끌어내기도 하지만 한편으로는 명시적으로 위태롭지 않은 것에 대한 무관심 혹은 냉담을 낳기도 한다.

오랜 기간 중동과 북부 아프리카 출신의 이주민들로 인해 사회 갈등을 겪어온 유럽 사회에서 난민과 이주민의 모호한 분류를 보면 이러한 사실을 잘 이해할 수 있다. 이러한 분류

독일 〈도이치벨레〉의 난민 보도 사진

는 유럽에만 국한되지 않아 난민과 이주민을 향한 우리의 시선이 갖는 문제 역시 들여다보게 한다. 사실 난민과 이주민의 의미는 법률적 분류와는 별개로 사회적으로 합의되지 않은 채 사용된다. 불균형한 국제 시장 질서와 다양한 국제 정치적 맥락이 스며있는 모국의 경제난을 피해 부유한 유럽으로 이동한 이들은 난민이 아닌 '이주민*Migrant*'으로 분류된다. 반면 '난민*Refugee*'은 국제법으로 보호해야 할 의무가 있는 국내외 정치적 갈등의 피해자로 따로 분류한다.

이러한 현실에서 같은 현상도 '이주민 사태'로 불릴 경우에는 불법 이민이 초래하는 혼란과 갈등의 사태로 의미화되는 반면, '난민 사태'로 불릴 경우 그 대상들의 피해자성이 강조되는 비극적 사태로 의미화된다. 피해자로 그려지는 난민은 유럽 사회의 일시적 동정을 획득할 수는 있지만 장기적으로 보면 '피해자답지 않은 난민'에 대한 부정적인 여론을 자극할 위험을 갖고 있다. 실제로 유럽으로의 인구 이동에 대해 비판적인 유럽의 정치인, 시민 단체, 미디어는 2015년의 상황을 '이주민 사태'라는 말로 정리해 '피해자 난민'이 아닌 경제적 기회를 찾아 이동한 '골치 아픈 이주민'에 대한 부정적 여론을 끌어내기도 했다.

피해자로 그려진 난민은 피해자로서만 그 존재가 정당화되는 의미의 축소를 경험한다. 이와 더불어 난민을 바라보는 유럽 시민 사회를 시혜의 제공자라는 의미에 가둔다. 그리고 피해자 난민과 시혜적 유럽 사회라는 이분법적인 관계는 난민을 둘러싼 복잡한 국제 맥락과 중층적인 사회 갈등을 살펴보는 데 지속적인 방해 요소가 된다.

유럽 사회 내부의 갈등을 유발시키는 난민

★　　난민 이동을 '사태'로 그리는 유럽 미디어의 두 번째 경향은 난민을 유럽 사회 내부의 갈등을 유발하는 외적 요인으로 바라보는 것이었다. 비극적이고 충격적인 사건·사고 보도와 함께 미디어에 자주 등장하는 기사는 정치인이나 시민

단체 등 여론을 이끄는 스피커들의 난민 관련 발언과 행동이었다. 정치적 이해관계에 따라 난민 유입의 이해득실을 따지는 발언을 통해 난민이라는 집단은 특정한 담론에 규정되기도 했다. 또한 이 과정에서 일부 혐오 발언은 사건화되어 미디어의 좋은 소재가 되기도 했다. 찬성과 반대와 같은 이분법 중심의 보도는 그 의도와 무관하게 유럽 사회의 갈등 유발 요소로서 난민의 의미를 강화했다.

이러한 보도 역시 피해자성을 드러내는 보도와 마찬가지로 난민에 대한 부정적 시각을 강조하기 위해 의도한 것이라기보다는 미디어의 관행이 만들어내는 부작용이라고 할 수 있다. 미디어의 시선을 잡아끄는 선정적인 발언과 행위를 반복 보도함으로써 난민은 혐오 표현에 노출됨과 동시에 유럽 내부 갈등의 외적 요인이 된다. 특히 2015년 당시 난민의 이동 경로에 놓인 헝가리, 체코 등의 정치인들의 부정적 발언은 가십성으로 자주 다루어졌는데, 난민 수용을 둘러싼 유럽 연합 간의 불협화음을 드러내는 과정에서 난민에 대한 혐오 표현이 미디어를 통해 고스란히 전달되었고, 특히 국내 정치용 포퓰리스트적 발언은 유럽 각국의 미디어가 앞다투어 보도함에 따라 난민은 유럽 내부 갈등의 원인 제공자로 암시되었다.

또한 난민 수용을 둘러싼 시민 사회의 분열, 특히 반무슬

헝가리 빅토르 오르반 총리의 반난민 기조를 조명하는 〈폴리티코〉의 2015년 11월 23일 자 기사

림 시위와 같은 인종 혐오적 행위에 대한 반복된 보도는 유럽 내부 갈등의 외적 요인으로써 난민을 강조함과 더불어 난민의 인구적 배경을 특정 종교에 한정시켜 다양한 차별적 담론을 형성하는 데 일조했다. 특히 2000년대 들어 증가한 유럽 사회에서의 테러나 불법 이주 등의 문제가 중동, 아프리

폴란드 극우 세력의 반무슬림 이미지를 담은 로이터의 보도 사진

영국 〈더 선〉에 실린 '6일 간의 공포'라는 제목의 르포 기사. 이 기사에서 난민들이 유럽에 얼마나 손쉽게 들어올 수 있는지를 '공포'라는 단어로 표현했다.

카 출신 이주민의 종교와 연결되어 반(反)이민 여론은 반무슬림 정서와 함께 지속적으로 확산했다. 2015년 당시 유럽의 미디어는 유럽 곳곳에서 벌어진 난민 유입 반대 집회에 등장한 다양한 반무슬림 혐오 표현을 여과 없이 전달함으로써 난민을 종교와 연결시키는 한편, 이민을 둘러싼 공론장을 분열시키는 새로운 소재로 난민을 동원하기도 했다. 이처럼 갈등의 외적 요인으로서써 난민의 의미화는 복잡한 국제 맥락에서 발생한 현상을 공론화하는 데 있어 합리적인 소통을 저해할 위험이 있다.

주류 사회의 성원이 될 수 없는 난민

★　　난민을 바라보는 두 가지 경향의 공통적 특징은 난민을 하나의 거대한 동질적 집단으로 바라보는 것이다. 당시 대부분 기사는 난민을 국적 혹은 더 넓은 지역 단위로 분류해서 보도했다. 분류와 숫자 중심의 보도에서 다양한 개별 맥락은 사라지고 시리아 내전과 같은 눈에 보이는 거시적 정치·경제를 원인으로 다루는 데 그쳤다. 또한 난민의 수용에 있어서도 유럽 내 각 국가에 할당된 쿼터라는 숫자 중심의 보도를 이어갔다. 이는 각기 다른 배경과 동기를 가진 난민들이 유럽

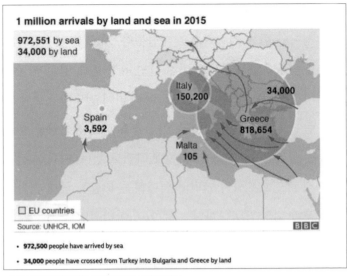

1 million arrivals by land and sea in 2015

972,551 by sea
34,000 by land

Italy
150,200

34,000

Spain
3,592

Greece
818,654

Malta
105

☐ EU countries

Source: UNHCR, IOM

BBC

- **972,500** people have arrived by sea
- **34,000** people have crossed from Turkey into Bulgaria and Greece by land

BBC의 2015년 난민 분석 기사에 첨부된 지도

사회에 어떤 과정으로 어디에 정착할 수 있는지에 대한 관심 자체를 배제시켜 버렸다. 이러한 미디어의 분류와 숫자 중심의 보도를 통해 난민의 이동 경로와 정착 이후의 삶에 대한 논의는 공론장에 등장하기 힘들어졌다.

그리고 이 모든 과정에서 '사태 주체'인 난민 개인에게 주어진 발언권은 매우 제한적이었다. 난민의 이동이 사태화되는 과정에서 주된 발언은 대부분 유럽의 정치와 시민 사회에서 이루어졌다. 일부 가시적 희생을 겪은 난민들에게 주어진 발언권을 제외하면 대부분은 난민 수용의 찬반, 또는 인도적

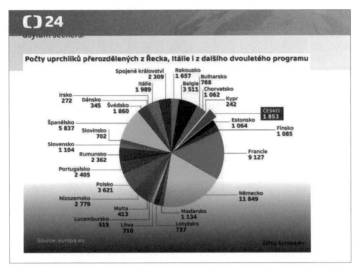

할당된 숫자만큼 난민을 수용하는 것에 대해 반대하는 여론을 보도하는 체코 국영 방송
(출처: Ceska Televise, 2015년 5월 28일)

지원에 관한 논의를 담은 유럽 주류 사회의 발언에 치우쳐 있었다. 이렇듯 미디어는 지속적이고 반복적으로 난민을 '그들, 저들'이라는 3인칭으로 호명함으로써 주류 사회의 성원이 될 수 없음을 확인시켰다.

　유럽 주류 사회의 발언 중심으로 이루어진 보도 경향은 단지 난민에게만 영향을 미치는 게 아니었다. 난민 이동 과정에서 실제로 물리적 부담을 감당해야 하는 유럽 변방의 공동체나 주민의 발언권 역시 상당히 제한되었다. 튀르키예, 그리스, 세르비아를 비롯한 발칸 국가들 그리고 헝가리처럼 유럽

연합의 가장 변방에 놓인 국가들은 난민 이동이 사태화되는 과정의 중심에 있었음에도 세계 곳곳의 사람들은 유럽의 중심인 영국, 독일, 프랑스 등의 시선으로 사태를 볼 수밖에 없었다. 이동에서 발생하는 사건·사고 위주로 뉴스가 보도되었기 때문이다. 미디어는 유럽 변방에 차려진 비참한 난민 캠프와 성난 주민들의 이미지를 멀리서 바라보는 서유럽의 시선으로 전달했다. 반면 유럽 변방의 현실에 대해서는 매우 제한적인 관심을 보였다.

이러한 발언권과 시선의 불균형은 '난민-유럽 변방-유럽 중심'이라는 다층적인 위계를 드러낸다. 이는 외신을 주로 국내 미디어로 접하는 한국 사람들의 난민에 대한 이해에도 많은 영향을 미친다.

한국 미디어가 전달하는
난민 사태

★   한국 미디어가 2015년의 난민 사태를 다루는 방식은 기존의 외신 보도의 관행에서 크게 벗어나지 않았다. 유럽의 난민 사태가 주로 유럽 중심, 즉 난민의 목적지라고 할 수 있는 독일, 영국 등의 시각에서 전달되었듯이 한국 미디어 역시 이 지역 외신에 절대적으로 의존해 사태를 전달했다. 난민이 발생하는 중동과 아프리카 등지의 외신 보도는 전무했고, 난민 통과지인 유럽 변방 국가의 소식 또한 일부 통계 자료를 사용하는 것을 제외하면 극히 적었다.

특히 미국발 외신에 절대적으로 의존하는 외신 전달 방식은 유럽에서 벌어진 사태에서도 반복되었는데 많은 국내 미디어가 〈뉴욕타임스〉를 비롯한 미국 미디어들의 유럽 난민 사태 분석 기사를 인용해 보도했다. 이와 같은 뿌리 깊은 외신 인용 관행은 유럽과 그 주변 사태를 바라보는 시각마저 미국 주류 미디어의 시각에 의존하게 만든다. 카타르에 자리한 국제 위성 뉴스 미디어인 알자지라 같은 경우 다양한 시각으로 분석한 뉴스를 영어로 보도했지만 이를 철저히 외면된 것과는 뚜렷이 비교되는 지점이다.

한국과 유럽의 지리적 거리와 난민이라는 낯선 소재는 한국 미디어의 난민에 대한 관심을 더욱 제한했다. 주로 속보성 뉴스로 난민을 위태롭고 갈등의 원인이 되는 집단으로 보도하는 데 치중했다. 또한 대량 이동, 집단 난민 캠프 등 우리에게는 낯설고 동시에 갈등의 원인이 되는 모습을 이미지화해 전달하는 뉴스 생산 관행에 충실했다. 특히 '불법', '적발'과 같은 유럽 중심적 시각에서 형성된 어휘를 반복 사용함으로써 난민을 문제화하는 데 서구 중심적 사고와 보조를 맞추었다.

해외의 사건·사고를 다루는 외신 인용 관행과 더불어 한국 미디어의 특징적인 경향 중 하나는 타국의 실패에 대한 강조이다. 많은 미디어가 사태 초반부터 빈번하게 다룬 사안 중 하나는 난민 사태에 대처하는 유럽 사회의 무능에 대한 지적이었다. 각종 사건·사고와 군사 작전을 방불케 하는 유럽 변

알자지라는 2015년 난민 위기에 관한 다양한 분석 기사를 제공했다.
(출처: Al Jazeera, 2015년 12월 22일)

유럽의 난민 수용을 둘러싼 부정적 현실을 강조하는
〈한국경제〉 2015년 8월 28일 자 기사

방에서의 충돌 등으로 난민 이동은 매우 혼란하고 갈등적인 이미지로 그려졌고, 이런 상황에서 유럽 국가 간의 상호 비방, 유럽연합이라는 선진적 국제 기구의 이미지를 무색시키는 무능한 대처는 한국 미디어의 좋은 소재가 되었다. 특히 난민들이 유럽에 진입하는 혼란한 상황을 외신으로 전달하면서 유럽의 초동 대처 미숙을 힐난하는 기사들은 포털 등지에서 반이민, 반난민 정서를 자극하기도 했다. 미디어의 의도와 무관하게 유럽의 상황을 타산지석 삼아 우리는 원천적으로 불법 이민이나 난민의 유입을 봉쇄해야 한다는 여론을 자극하는 맥락으로 연결된 셈이다.

다른 한편으로 외국의 실패라는 틀에서 국외의 소식을 전하는 방식은 사람들의 시야를 제한하기도 한다. 코로나19 시국에서 방역의 성공과 실패를 둘러싸고 국가 간 우위를 논하는 미디어의 이른바 '국뽕' 담론에서 다른 사회에 대한 왜곡된 시선을 갖게 될 수 있듯이 '실패한 외국'이라는 반복된 뉴스의 프레임은 해외에 대한 폭넓은 이해를 제한할 수 있다. 2015년의 대이동은 매우 복잡한 국제정치와 경제 맥락이 교차하는 지점에서 발생했음에도 이를 원천 봉쇄하지 못하는 무능한 유럽, 혹은 그것도 수용하지 못하는 인종주의적 유럽이라는 단순화된 부정적 이미지가 씌어 유럽 사회, 더 나아가 유럽을 둘러싼 국제 관계에 대한 이해를 좁게 했다.

뉴스홈 | 최신기사

〈유럽 난민정책 기로〉 ③테러리스트 온상 왜 근절 못하나

송고시간 | 2015-11-17 04:10

| 벨기에 몇년 새 유럽 지하디스트 거점으로…중동불안·다문화통합 실패 탓

(베를린=연합뉴스) 고형규 특파원 = 최악의 프랑스 파리 테러를 계기로 벨기에가 이슬람 극단주의 테러리스트의 온상이라는 점이 확연히 드러났다.

벨기에 수도 브뤼셀 서부의 몰렌베이크라는 곳에서 용의자들이 체포되는 등 벨기에가 이번 테러를 준비한 핵심 거점으로 확인됐기 때문이다.

유럽 난민 정책을 비판적으로 분석하면서 난민과 테러리스트의 구분이 모호한 제호로 보도하는 〈연합뉴스〉 2015년 11월 17일 자 기사

스포츠

희망 레이스 마친 난민 소녀 "다음엔 메달 딸래요"

에게해에서 3시간 반 동안 배 끌고 간 소녀 2종목 아쉽게 예선 탈락

작성 2016.08.11 05:08

난민 출신 수영 선수가 올림픽에 출전했다는 소식이 〈SBS News〉
2016년 8월 11일 자 기사를 통해 보도되었다.

2015년의 사태가 장기화되면서 서유럽과 영미권 외신에 의존하는 한국 미디어 역시 외신의 전형적 패턴과 보조를 맞추어 난민을 다루었다. 유럽 미디어의 경향성에서 보았듯이 난민의 피해자 서사가 강조되는 한편, 잠재적 위험 요소로써의 난민이 집중 조명되었다. 모범적인 사례들을 통한 감동 스토리와 유럽 사회의 도움 덕분에 슬픔을 이겨내고 정착해 가는 난민의 모습들은 테러와 같은 폭력의 증가와 함께 잠재적 범죄자로서의 난민과 강하게 대비된다. 이러한 대조적 묘사는 수용 가능한 난민과 수용 불가능한 난민을 나누는 암묵적 기준을 제공하는 한편, 모범적 난민을 선별해야 한다는 여론을 자극한다. 이는 한국에서 있었던 예멘과 아프가니스탄 출신 난민을 둘러싼 논쟁에서도 고스란히 드러났다.

난민이 유럽 사회 곳곳에 자리를 잡으면서 유럽 경제의 이해득실을 따지는 분석 역시 외신을 통해 전달되었다. 난민을 둘러싼 셈법 역시 미디어와 공론장의 주요 의제가 되어 한국 사회의 난민 수용에 대한 논쟁의 중심이 되고 있다.

한국의 예멘,
아프가니스탄 난민 갈등

★　　유럽의 난민 사태를 다른 집 불구경하듯 전달한 한국의 미디어와 그 미디어를 통해 간접적으로 경험한 한국의 시민 사회는 곧이어 한국의 국경을 둘러싸고 벌어지는 '난민 사건'을 직접 접하게 되었다. 이 과정에서 새로운 사회 문제가 된 난민을 뉴스 미디어나 사회관계망이 어떻게 바라보는지 살펴보면 미디어와 난민에 대한 인식의 연관성을 다시 한 번 이해할 수 있을 것이다.

2018년, 오랜 내전을 겪고 있는 고국을 떠난 500여 명의 예멘 사람들이 무비자 입국이 가능한 제주도로 입국했다. 이들의 수가 단기간 급증했고 대부분이 난민 지위 신청을 하면서 이들의 수용 여부가 사회적 이슈가 되었다. 특별히 사건이라고 할 수 있는 물리적 충돌이나 가시적 갈등이 없었음에도 난민 지위 신청이라는 이슈 자체가 낯선 한국 사회에서는 주목을 받기 충분했다. 당시 미디어의 보도와 사회관계망 서비스에서 일어난 논란을 보면 2015년 난민 이동을 사태로서 그려낸 유럽의 미디어와 겹치는 부분이 많았다.

예멘 난민의 배경을 추적하면서 이들이 난민의 피해자성에 부합하는지에 대한 논란이 있었다. 보도를 통해 직접 언급하는 예는 드물었지만 이들의 배경을 설명하는 과정에서 피해자성을 강조하거나 모호한 부분이 부각되었으며 온라인에서는 난민의 자격을 따지는 여론이 형성되었다. 고가의 휴대폰을 소지한 난민의 사진이 공유되면서 난민의 피해자성에 부합하지 않다고 따지는 글이 등장하는가 하면 이들이 내전의 피해를 입은 당사자인지 아니면 병역을 기피하고 나온 것인지에 관한 논쟁이 주를 이루었다. 이는 그동안 미디어를 통해 그려진 난민의 피해자성이 난민의 협소한 정의가 되었음을 보여준다. 난민을 수용하는 데 우리 사회가 베풀 수 있는 시혜의 자격을 따지면서 난민을 철저히 외부인으로 다루는 논의는 잠재적 구성원이 될 가능성에 대한 논의 자체를 봉쇄한다.

유럽으로 유입한 난민들이 유럽 내부의 갈등을 조장하는

"예멘 난민신청자들은 위험하지 않습니다"

입력 2018.06.18 17:37 수정 2018.06.18 18:26

♡ 0   💬 0

올해 들어 561명 무사증으로 제주 찾아 정부 지원 대책 없어 생계도 막막 지역사회 난민수용 찬반
논란 불거져 거주제한 조치 해제 등 해결방안 절실

[저작권 한국일보]18일 제주 제주시 용담동에 위치한 제주출입국·외국인청 주차장 한쪽에서는 대한적십자사가 예멘난민
신청자를 대상으로 의료지원 활동을 진행하고 있었다. 김영헌 기자.

"오른쪽 다리에 총알 파편이 박혀 있습니다. 빨리 수술을 받아야 합니다. 도와주세요."

18일 제주 제주시 용담동 제주출입국·외국인청 주차장에서는 대한적십자사가 예멘인 난민신청자를

"오른쪽 다리에 총알 파편이 박혀 있습니다."로 시작하는 〈한국일보〉 2018년
6월 18일 자 예멘 난민 관련 기사

외적 요인이 되었듯이 예멘의 난민들도 한국의 공론장을 분
열시키는 외부인이 되었다. 이는 '잠재적 범죄자'라는 프레
임으로 촉발된 난민 수용 비판 여론에서 드러났다. 당시 미
디어는 예멘 난민과 관계없는 '테러 단체 출신으로 의심되는
시리아 출신 난민의 한국 수용'에 관한 기사를 내기도 하고,
조현병을 앓고 있는 예멘 난민을 보도하며 조현병에 대한 왜
곡된 이해에 기대어 위험성을 암시하기도 했다.

이에 일부 사람들은 2000년대 들어 꾸준히 있었던 이슬람

[수사반장]시리아 난민은 어떻게 'IS 가입'을 전파했나

전호진 기자
입력 2018.12.07. 16:01

지난 6월 18일 오전 10시쯤 경기도 평택의 한 폐차장에 경찰이 들이닥쳤다. 이 폐차장에는 시리아 국적의 근로자들이 많았다. 이 가운데는 불법체류자도 있었다. 당황한 시리아 근로자들을 경찰이 안심시켰다. "당신들 잡으러 온 게 아닙니다. 우리는 군수품 사진을 찾고 있는데…잠시 휴대전화만 확인하겠습니다."

시리아 근로자들이 술렁이더니 하나둘씩 "수류탄 사진을 본 적이 있다", "전쟁 사진을 본 적이 있다"고 증언했다. 폐차장의 다른 종업원 진술이 결정적이었다. "IS(이슬람국가)는 좋은 사람, 우리에게 돈도 주고 결혼까지 시켜준다면서 사진을 보여준 사람이 있어요." 그가 지목한 인물은 인도적 체류허가로 입국(入國)한 시리아인 D(33)씨였다.

많이 본 ᵇ

1 줄인
   교사ᴥ

2 류호ᵃ
   되긴

3 "前여
   영상

4 손흥ᵇ
   중국ᵃ

IS와 관계된 시리아 난민의 행적을 보도하는 〈조선일보〉 2018년 7월 10일 자 기사

배경의 테러와 각종 폭력의 기억을 소환했고, 종교와 관련지어 무슬림 남성들은 여성들을 공격할 가능성이 있어 위험하다며 난민 수용 반대 여론을 이끌었다. 이러한 여론을 둘러싸고 한국 사회 공론장은 찬반의 분열을 경험했고 이 과정에서 난민은 또 한 번 한국 사회 분열의 원인 제공자로 인식되었다. 유럽 미디어와 마찬가지로 이 모든 과정에서 발원권

국가 경제의 관점에서 난민의 효용성을 분석하는 〈주간동아〉 2018년 7월
10일 자 기사

은 절대적으로 한국인에게 주어졌고, 미디어가 전달하는 모
든 과정에서 난민은 철저하게 외부자, 즉 한국 영토 내의 구
성원이 아닌 외적 존재의 의미가 반복 강화되었다. 이는 난민
문제에 국한되지 않고 우리 사회에 만연한 이주민의 수용과
구성원으로서의 자격에 대한 배타적 의식 형성에 일조했다.

한국의 미디어가 유럽 난민의 유입이 가져올 이해득실을
따지던 관행은 현실로 다가온 난민을 둘러싸고 더욱 강해졌
다. 다수의 미디어가 난민 수용이 한국 사회와 경제에 미칠
영향에 대해 분석했는데, 난민 수용을 긍정적으로 바라보는
미디어들은 난민 수용이 한국 경제에 득이 된다는 분석을 설

득 논리로 사용했다. 이는 난민을 위험과 갈등의 요인으로 바라보는 여론의 분위기에서 한계를 가질 수밖에 없는 설득 논리이지만 경제적 득실을 따지는 과정에서 난민을 우리의 밖에 존재하는 사람들로 인식하는 경향은 더욱 강화된다. 제한적 시각으로 보는 외신에 의존해 먼 나라에서 벌어지는 난민이라는 낯선 존재를 전달하고 이해해 온 한국의 미디어와 여론은 난민이 우리의 현실로 다가왔을 때 그동안 부지불식간 축적해 온 제한적이고 편향된 난민의 이미지를 더욱 선명하게 그려내었다.

이렇듯 해외에서 벌어지는 일을 일부 외신에 의존해서 사건·사고 중심으로 보도하는 관행은 세계를 이해하는 폭을 제한하는 데 그칠 뿐만 아니라 우리에게 닥친 현실에 대한 이해와 판단 역시 제한한다. 그렇게 이해된 난민은 불과 500명 정도의 적은 수로도 '사태'가 되어버린다.◘

◘ 한국의 나무위키에서는 현재도 2018년 예멘 난민 항목을 '2018년 제주 난민 사태'라는 제목으로 다루고 있다.

국제적 영향력을 갖는
우리의 시선

★　　　2022년 유럽은 지금까지와는 여러모로 다른 난민을 접하게 되었다. 바로 러시아의 침공을 피해 국경을 넘은 우크라이나 난민이다. 러시아의 우크라이나 침공은 지리적으로나 정치·경제적으로도 유럽에 위협이 되는 상황이다. 따라서 우크라이나 난민에 대한 유럽의 입장은 중동이나 북부 아프리카의 난민에 대한 그것과는 다를 수밖에 없다.

또한 꾸준히 이어온 유럽연합 회원국과 우크라이나 간의 자유로운 교류, 서로 공유하는 역사 문화적 배경 그리고 난민이 이동하는 경로에 놓인 구 사회주의권 유럽연합 회원국들의 적극적인 수용 정책 등 2015년의 난민 사태와는 비교할 수 없는 맥락이 있다.

러시아의 침공에 대한 비판적 여론에 비례해 우크라이나 난민은 따뜻한 환영을 받았고 '탈출-이동-수용-정착'에 이르는 자세한 경로가 미디어와 사회관계망을 통해 시시각각 공유되었다. 이는 한국 미디어의 우크라이나 난민 보도에서도 잘 반영되었다. 환영의 분위기 속에서 뉴스 가치가 있는 사건·사고도 적었을 뿐더러 우크라이나에서 벌어지고 있는 전쟁이라는 위중한 '사태'를 피해 들어오는 난민들이 미디어를 통해 '사태화'가 되지 않았다.

이러한 차이에서 우리는 미디어가 난민을 다루는 방식의 문제점을 다시금 발견할 수 있다. 난민 발생의 원인에 대한 피상적 이해, 사건·사고 중심의 보도로 난민 발생이 아닌 난민 자체를 문제로 지목하는 시각, 공존 가능한 구성원으로서의 난민이 아닌 우리에게 잠재적 위협이 되고 갈등의 원인이 되는 외부자로서 난민을 그리는 관점, 그리고 우리의 이해득실에 따라 다른 의미를 갖게 되는 대상화 등이 우크라이나 난민 보도에서는 도드라지지 않았다. 이런 유럽 미디어의 이중적 태도에서부터 우리는 반성의 지점을 찾을 수 있다.

통신과 교통의 발달로 사람은 물론 정보의 교류도 무한히 넓어지고 있는 현대 사회에서 미디어를 통해 전달되는 국제 뉴스는 더 이상 세계를 이해하는 절대적 채널이 될 수는 없다. 사람들은 다양한 채널을 통해 세계 곳곳에서 벌어지는 일을 접하고 있으며 나름의 지식과 정보로 자신과 세계의 관계를 맥락화해 이해한다. 하지만 여전히 난민과 같이 일상에서의 낯선 존재 또는 발생부터 전개까지 우리의 관심 영역과 맞닿아있지 않은 먼 나라의 상황을 이해하는 데 국제 뉴스는 매우 중요한 정보의 채널로서 역할을 한다.

한국 미디어의 외신 인용 관행은 난민 사태에서도 크게 다르지 않다. 관전자로서 단편적인 사건·사고에 치중하는 보도는 난민을 국제적 골칫거리로 보이게 만든다. 또한 서유럽과 영어권 미디어에 절대적으로 의존하는 편중화 경향은 이슈를 이해하는 폭을 제한하는 동시에 세계 정세를 좌우하는 권력의 지배적 관점에 고스란히 노출되게 한다.

한편 외국의 실패를 협소한 시각으로 전달하는 최근의 보도 경향은 바깥에 대한 이해를 바탕으로 안을 이해하는 타산지석의 성찰 기회를 제한하기도 한다. 2018년의 예멘 난민 갈등 당시 일부 외국 미디어는 한국의 인종주의적 난민 반대 여론에 대해 비판하는 기사를 내보냈다. 이는 한국 미디어의 외신 인용, 국제 뉴스 생산의 관행이 단지 국내 여론의 형성을 왜곡하는 데 그치지 않고, 해외에서 한국 사회를 바라보는 시선에까지 영향을 미칠 수 있음을 보여주는 사례이다.

경제 발전과 문화 산업의 확장으로 한국은 더 이상 외국

ARGUMENT *An expert's point of view on a current event.*

South Korea Is Going Crazy Over a Handful of Refugees

Feminists, the young, and Islamophobes have allied against desperate Yemenis.

By S. Nathan Park, *a Washington-based attorney and nonresident fellow of the Sejong Institute.*

AUGUST 6, 2018 11:55 AM

한국의 예멘 난민 관련 반이민 정서에 대한 미국 〈Foreign Policy〉의 비판 기사

의 소식을 일방적으로 소비하는 지위가 아니라 한국의 소식이 중요한 이슈가 되는 생산의 지위로 올라서고 있다. 이는 소위 선진국 혹은 서구의 시선을 의식하며 그들의 관점을 배우고 따라 하며 형성해 왔던 미디어의 외신 인용과 국제 뉴스 생산 관행이 변해야 할 시점이 되었다는 것을 의미한다. 국제 사회에서 경제적·문화적 영향력을 키우며 발언권을 확대해왔던 우리는 상승한 지위에 환호만 할 것이 아니라 책임

있는 시선과 관점을 키워갈 책무가 있다. 이러한 공론을 형성하는 데 여전히 중요한 역할을 담당하는 미디어는 그물망처럼 다양한 맥락으로 엮여있는 국제적 이슈에 대해 다양한 시각을 제공할 책임이 있으며 되도록 많은 발언을 전달하는 채널이 되어야 한다.

한국 사회에는 다양한 배경의 이주민들이 각기 다른 지위로 한국 사회의 구성원이 되어 살아가고 있다. 이들은 나름의 네트워크로 한국의 소식을 고국 사람들과 나누기도 하고 한국 내의 다른 이주민들과 나누기도 한다. 이렇게 한국이 바라보는 다른 사회와 사람들의 시선이 한국 밖으로도 전달된다. 그런데도 철저하게 자국 중심적, 자민족 중심적 시각의 뉴스 생산이 관행처럼 지속된다면 점점 더 많은 갈등에 노출될 것이다. 미디어를 둘러싼 정치, 경제, 기술, 사회, 문화적 맥락을 충분히 논의하여 보도하는 외신 인용과 국제 뉴스 생산 방식의 반성적 변화가 갈수록 중요한 시점이다.

4장

타자화된 이슬람, 두려움을 키우는 미디어

Global Media Literacy for Global Citizen

이은별(한국외국어대학교 미디어외교센터 연구원)

국제면 신문 기사나 뉴스의 지구촌 소식을 보다 보면 '지구상에 아직도 저런 일이 벌어지는 곳이 있다고?' 하며 놀란 경험이 있을 것이다. 불과 몇 년 전인 2018년 6월에서야 여성 혼자 운전할 수 있게 된 사우디아라비아에 관한 기사나 2022년 9월 이란에서 발생한 20대 여성의 의문사가 촉발한 이란 선수의 히잡 미착용 논쟁은 우리 일상에서는 당연한 일들을 '쟁취'해야만 하는 중동 지역을 상상하게 한다.

"여성 축구장 출입·운전·해외여행 허용…'족쇄' 푸는 사우디"
(〈헤럴드경제〉, 2019년 8월 2일 자 기사)

"서울서 사라진 이란 선수…원인은 '히잡 미착용'?"
(SBS, 2022년 10월 18일 보도)

여기에는 대개 이슬람교가 교차한다. 지리적 특성상 이슬람교를 국교로 하는 상당수의 중동 지역 국가들은 정교일치(종교와 정치적 권력이 분리되지 않고 한 사람에 의해 집중된 정치 체제)로 인해 교리와 사회적 문제가 갈등을 빚을 때마다 국제 사회의 주목을 받았다. 앞서 언급한 사우디아라비아의 경우 1985년생인 빈 살만 왕세자가 사실상 실권을 잡은 후에야 80년 만에 여성 운전을 허용하는 온건 이슬람국으로 노선을 변경했고, 그 와중에 이란은 여성들의 히잡 착용에 공권력을 개입할 만큼 폐쇄적인 행보를 보이고 있다. 이동권과 의복의 자유를 보장받지 못하는 이슬람 여성들. 유독 여성에게 엄격하고 보수적인 이슬람 관련 에피소드들은 국제 뉴스로 선정되기에 매우 적절하다. 이를 뉴스 가치라고 하는데, 세상만사가 뉴스가 될 수 없으므로 언론사는 뉴스를 선별하는 데 일정 잣대를 적용한다.

'나쁜 뉴스가 좋은 뉴스다*Bad news is good news*'라는 말이 있다. 이는 본질적으로 일상에서 벗어난 사건이 곧 뉴스가 된다는 뉴스 가치로서의 '일탈성'을 의미한다. 다시 말해 예외적인 사건, 갈등으로 인한 긴장감, 탈규범적인 요소, 선정적이고 자극적인 소재로 흥미를 유발해야 뉴스로 선정된다는 것이다.

한국의 국제 뉴스 역시 이러한 기준을 적용해 국제 사회의 갈등 이슈를 에피소드식으로 보도하고 있다. 특히 세계체제론(임마뉴엘 월레스틴이 제시한 국제 정치 이론의 하나로 세계를 하나의 사회 체제로 보고 중심부와 주변부를 구분한다.)에 기반한 아프리카 및 중동, 아시아 등 주변부보다 미국과 유럽을 포함하는 중심부에 관한 뉴스를 더 많이, 더 긍정적으로 보도한다는 비판을 받아왔다. 실제로 2021년 조사에 따르면, 중동 지역에 관한 뉴스 보도는 여타 지역보다 뉴스량 자체가 적을 뿐만 아니라 그마저도 난민, 전쟁, 질병, 테러, 분쟁과 같이 갈등에 기반한 부정적인 이슈에 그쳤다. 그 결과 일반 대중은 서로 다른 개념인 중동, 아랍, 이슬람의 차이점을 인지하지 못한 채 부정적인 이미지로 뭉뚱그려 인식하고 있다.

이 장에서는 중동, 아랍, 이슬람 관련 국제 뉴스의 비판적 리터러시를 함양하기 위해 세 가지 용어의 개념적 차이를 정리하고, 포스트 9.11 저널리즘에 따라 국제 뉴스에서 타자화되는 이슬람 사회를 살펴본다. 그리고 하나의 사례로 2015년 11월 파리에서 발생한 테러를 보도하는 한국과 프랑스 뉴스를 비교 분석한 후 1990년부터 2021년까지 30년 넘게 축적되어 온 한국 국제 뉴스의 중동, 아랍, 이슬람 보도 지형을 읽어내고자 한다.

중동, 아랍, 이슬람의 개념적 정의

★ 　　우선 '중동'은 지리적 개념이다. 외교부 중동 지역 개관에 따르면 중동은 전통적으로 이집트부터 아라비아반도 및 이란을 포함하며 넓은 의미에서 이슬람권에 포함된다. 중동 지역에 대한 범주가 뚜렷하지 않은 이유는 유럽 중심적 세계관이 지배적이던 고대부터 유럽을 제외한 '나머지'의 의미로 '동쪽*East*'을 정의한 데서 기인한다. 당시에는 유럽에서 가깝고 오스만 제국의 영향을 받은 발칸 반도 주변을 근동*Near East*, 한국·중국·일본을 포함한 동아시아를 극동*Far East*, 그리고 그 사이를 중동*Middle East*이라고 구분했다.

하지만 냉전과 2001년 9.11 테러를 겪으며 '동과 서'의 개

넘이 지리적 차이를 넘어 사고의 차이로 인식되기 시작했고, 미국 중심의 국제 관계에서는 정치적 용어로 전환되었다. 그리고 9.11 테러의 주범인 알카에다를 처단하기 위해 미국이 아프가니스탄을 침공한 것을 기점으로 지정학적 용어로 '확장된 중동*Greater Middle East*'에 아프가니스탄까지 포함되었다. 따라서 중동은 핵심 지역인 걸프협력회의*GCC, Gulf Cooperation Council* 6개국과 아라비아반도에 위치한 7개국, 확장 지역인 북부 아프리카 5개국◘과 비아랍국가인 튀르키예, 이란, 이스라엘로 구분할 수 있다.

여기에서 '아랍'은 언어적·민족적 개념이다. 아랍어권으로 아랍 문화를 공유하는 이들은 1945년 창설한 아랍연맹*Arab League*으로 연대하고 있다. 여기에는 중동 핵심 지역과 확장 지역 국가와 더불어 아프리카의 소말리아, 지부티, 코모로스와 팔레스타인까지 총 22개 회원국이 있다. 비아랍국으로 분류된 튀르키예는 튀르키예어, 이스라엘은 히브리어, 이란은 페르시아어를 공용어로 한다. 이처럼 아랍은 언어적 정체성이 강한 개념이라고 할 수 있다.

끝으로 '이슬람'은 종교적 개념이다. 이슬람교는 아브라함

◘ 북부 아프리카에 위치한 리비아, 알제리, 튀니지, 모로코, 모리타니를 '해가 지는 서쪽'이라는 뜻의 아랍어인 '마그레브'라고도 부른다.

계통의 종교로 유대교, 기독교와 함께 유일신 신앙에 근간을 둔다. 알라, 즉 신에 대한 순종이나 복종(아살라마)을 뜻하는 이슬람은 무함마드를 예언자인 신의 사도로 여긴다. 아랍연맹과 마찬가지로 이슬람교 역시 전 세계 이슬람교 신도의 60%가 거주하는 인도네시아와 말레이시아를 포함한 57개국이 이슬람협력기구*OIC, Organization of Islamic Cooperation* 를 구성하고 있다. 이슬람교를 믿는 사람들을 '무슬림'이라고 부른다. 다음의 표에 정리된 국가들은 지리적·언어적 맥락에 따라 분류할 수 있지만 공통적으로 국민 상당수가 이슬람교를 따른다(유대교를 믿는 이스라엘은 예외). 물론 국가별로

'중동'의 지리적 맥락			'아랍'의 언어·민족적 맥락	확장된 중동
핵심 지역	확장 지역 (마그레브)	비아랍국가		
사우디아라비아 아랍에미레이트 카타르 오만 쿠웨이트 바레인 예멘 이라크 요르단 시리아 레바논 이집트 수단	리비아 튀니지 알제리 모로코 모리타니	튀르키예 이란 이스라엘	중동 핵심 지역 13개국 확장 지역 5개국 소말리아 지부티 코모로스 팔레스타인	아프가니스탄

이슬람교를 국교로 지정해 정교일치를 표방하거나(걸프협력회의 국가), 튀르키예와 같이 국민의 99%가 무슬림이지만 정교 분리로 세속주의를 표방하는 나라도 있다.

이처럼 중동과 아랍은 상이한 개념이지만 이슬람이라는 공통분모로 인해 일반 대중들은 종교적 특성으로 포섭할 가능성이 크다. 특히 중동 지역에 대한 물리적 거리감, 아랍·이슬람에 대한 심리적 거리감이 국제 뉴스를 통해 형성되는 인식과 맞물려 중동, 아랍, 이슬람의 낮은 이해도가 '테러, 전쟁, 분쟁'과 같은 부정적인 이미지로 굳어지고 있다. 여기에는 2001년 9.11 테러 이후 지금까지 전 세계 언론이 답습하고 있는 편향된 보도 관행이 작용한 것으로 보인다.

포스트 9.11 저널리즘

★   중동, 아랍, 이슬람의 개념적 혼재는 2016년 한국에서 발생한 인천국제공항 폭발물 설치 사건에서 고스란히 드러난다. 용의자로 체포된 30대 한국인 남성은 외국인 소행으로 오인하게 하고자 구글 번역기를 사용해 아랍어 메모와 가짜 폭발물을 만들었다고 진술했다. 여기에는 아랍어, 이슬람, 테러에 관한 편향된 인식이 담겨있다. 그리고 이슬람과 테러의 연상 작용은 9.11 테러로 촉발된 것이라고 할 수 있다.

2001년 발생한 9.11 테러는 전 세계를 충격에 빠뜨렸다. 미국 번영의 상징과도 같았던 세계무역센터 쌍둥이빌딩이 극단주의 이슬람 단체가 납치한 민항기에 의해 맥없이 무너진 것이다. 미국 언론은 충격적인 현장 상황을 생중계했다. 누가 어떤 이유로 테러를 자행했는지 밝혀내고 그것을 보도하는 과정에서 폭력, 테러리즘, 이슬람이 한데 묶여 단순화되기 시작했다. 무엇보다 생방송으로 보도된 9.11 테러의 참상과 부시 행정부가 공언한 '미국이 공격당했다U.S. attacked'라는 메시지는 미국뿐 아니라 전 세계적으로 9.11 테러를 공유하는 모든 집단에 트라우마로 반복 재생산되었다. 또한 '공격당한 미국'과 '공격한 이슬람 세계'는 선악 구도로 양분되어 테러를 일으킨 이슬람을 악으로 규정하고, 이를 처단하기 위해 '테러와의 전쟁'을 선포한 미국은 국제 사회에서 선의 위치에 섰다. 이것이 바로 9.11 테러 이후 국제 뉴스의 판도를 바꾼 '포스트 9.11 저널리즘'의 골자이다. 9.11 테러 이후 2001년 9월 12일 자 〈뉴욕타임스〉 1면을 보면 피해자인 미국을 강조하는 헤드라인과 화염에 휩싸인 세계무역센터 사진을 앞세워 도덕적 잣대로 가해자를 벌하려는 미국의 방식을 정당화하고 있다.

문제는 미국이 이슬람을 보도하는 방식이 4대 통신사(미국의 AP와 UPI, 프랑스의 AFP, 영국의 로이터)를 통해 세계 각국 언론사로 이식된 것이다. 예컨대 프랑스는 2001년 9.11 테러와 2003년 제2차 이라크전쟁 보도 때 미국과 마찬가지로 실시간 전쟁 보도를 하며 반전 평화의 원칙과 전후 프랑스의 국

2001년 9월 12일 자 〈뉴욕타임스〉 1면

제적 위상 약화 사이에서 모호한 태도를 보였다. 특히 한국과 같이 현지에 파견된 특파원이나 전문 보도 기자가 소수인 경우 영미권 외신에 의존할 수밖에 없으므로 이러한 문제는 더욱 심했다. 실제로 중동 지역에 파견된 특파원은 아랍에미리트 두바이(KBS), 이집트 카이로(〈동아일보〉, 〈연합뉴스〉), 튀르키예 이스탄불(〈연합뉴스〉) 뿐이다(2020년 기준).

이에 따라 중동 지역에 관한 뉴스는 서구 언론 보도에서 사용한 영상 자료, 즉 현장에서 직접 취재하지 않은 2차 자료에 의존할 수밖에 없다. 이때 사건이 발생하게 된 경위나 해당 지역 정세를 심층 분석해 사건의 맥락을 전달하기보다 폭력성을 부각한 일화 중심적 보도에만 그치는 경우가 많다. 예컨대 2023년 10월 7일 가자 지구의 무력 침공으로 발발한 이스라엘-하마스 전쟁에 관한 뉴스 헤드라인은 역사적·지정학적 맥락에서 이스라엘-팔레스타인 갈등에 접근하기보다 자극적인 단어들로 뉴스 수용자들을 환기하고 있다.

> 이스라엘-하마스 '피의 보복' 1개월, 출구가 없다…확전 불씨도 여전
> (〈한국일보〉 2023년 11월 7일 자 기사)
>
> "'차라리 죽은 게 다행" 아빠의 눈물…전 세계 울린 소녀 극적 귀환
> (〈연합뉴스〉 2023년 11월 26일 자 기사)

국제 지역 현안에 대한 낮은 전문성, 취재 인력을 위한 안전 보장 제도나 장비가 불충분한 한국의 보도 환경도 양질의 국제 뉴스를 생산하지 못하는 이유이다. 이러한 취재 시스템의 한계는 글로벌 전쟁이나 분쟁 지역에서 패권국의 이념과 이데올로기를 이들의 언론 보도로 재생산하며 암묵적으로 수용하게 한다.

포스트 9.11 저널리즘이 강화된, 악의 축으로 규정된 이라크에 대한 미국의 보복 전쟁은 우리와 타자, 선과 악, 문명과 야만, 이성과 비이성의 대립 구도로 선명하게 드러났다. 이러한 이항 대립을 여타 국가들이 뉴스 생산에 적용할 수 있었던 이유는 9.11 테러 이후 전 세계가 새로운 테러의 지형에

두려움을 느끼고 이슬람을 적대적 시각으로 바라보는 미국 중심의 도덕성 잣대를 그대로 수용했기 때문이다. 물론 국가 간 위기 및 갈등의 절정인 전쟁은 본질적으로 대립각을 세울 수밖에 없다.

하지만 포스트 9.11 저널리즘의 영향을 받은 한국 언론은 아랍, 이슬람 관련 보도가 선정적이고 자극적이며 불공정하다는 비판에도 불구하고 이를 교정할 수 있는 개선책을 내놓지 못하고 있다. 이러한 연유로 한국의 일반 대중들은 대규모 건설 수주나 에너지 협력과 같이 한국 경제에 긍정적인 영향을 미치는 중동 이슈에는 호감을 표하지만 테러나 난민 등 국제적 이슈에 대해서는 부정적인 태도를 보이고 있다. 결국 9.11 테러를 기점으로 중동 지역, 아랍어·아랍인, 이슬람교와 무슬림이 '테러'나 '전쟁'처럼 국제 사회의 악이자 타파해야 할 완벽한 타자가 되었다.

이슬람 타자화와
이슬라모포비아

★   타자가 된 이슬람과 무슬림은 '테러', '전쟁'을 중심
으로 재현되어 이슬람교는 폭력적인 종교로, 무슬림은 테러
리스트라는 부정적이고 단편적인 고정 관념으로 강화되고
있다. 이는 이슬람 문화권에 대한 부정적인 인식을 부추긴다.

우리나라의 경우 2004년 6월 이라크에서 발생한 고(故)
김선일 피랍 사건, 걸프 해역 해적 납치, 이슬람 여성 탄압과
같은 부정적인 보도에 노출되면 이슬람에 대한 사회적 거리
감을 보였다. TV 매체를 통해 관련 보도를 가장 많이 접하기
때문에 무슬림의 신실한 종교 활동을 긍정적으로 생각하는
사람들도 테러, 전쟁, 분쟁과 같이 폭력적이고 단편적인 보

도로 인해 부정적인 이미지를 형성하는 경향을 보였다. 이는 2021년 불거진 대구 북구 대현동 모스크 건축에 대한 갈등에서도 엿볼 수 있다. 문화 다양성 차원에서 무슬림 유학생들의 종교 활동을 찬성하는 쪽과 지역 사회와의 부조화를 우려한 반대 의견이 충돌하며 극명한 견해차를 보였다. 관련 보도역시 부정적인 단어 선택으로 갈등을 부추겼다.

> "대구 '이슬람 사원' 갈등 중심에 경북대?…'K-문화전쟁'의 이면"
> (〈중앙일보〉, 2023년 5월 5일 자 기사)
>
> "'돼지머리' 이어 살아있는 돼지 통으로…대구 이슬람 사원 갈등 폭발"
> (〈머니투데이〉, 2023년 4월 26일 자 기사)

접촉이나 경험이 없던 특정 집단에 대한 상상적 구성이 언론 보도를 통해 사회 내로 전파되면 대중은 선별적 인지작용을 한다. 이는 이슬람이 일상으로 깊숙이 파고든 유럽 사회에서 더 심각하게 드러나는데, 실제로 프랑스와 벨기에의 북부 아프리카 이민 2세의 사회적 열등감은 이민자 집단의 내재적 특징이 되어 그들이 사회 주요 구성원으로 공존하는 데방해 요소가 되고 있다.

과거 프랑스 식민지였던 북부 아프리카의 알제리, 모로코, 튀니지 출신 이민자로 인해 1920년부터 확대되고 있는 프랑스 이민자 사회는 2019년 전체 인구의 10%를 차지했고 그 비율은 계속해서 증가하는 추세다. 이들 대부분은 무슬림이다. 이러한 인구 속성의 변화로 크고 작은 사회 갈등을 겪고 있는 프랑스는 유럽의 이슬람화를 뜻하는 '유라비아*Eurabia*'라는 용어로 노골적인 반감을 드러내고 있다.

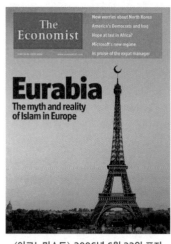

〈이코노미스트〉 2006년 6월 22일 표지

영국의 주간지 〈이코노미스트〉는 2006년 6월 22일, 에펠탑 최상단에 이슬람을 상징하는 초승달을 얹은 표지 사진과 "Tales from Eurabia" 기사를 통해 유럽 사회의 무슬림 증가를 진단한 바 있다. 이는 이슬람교와 무슬림에 대한 적대감이나 공포가 비합리적인 두려움*irrational fear*인 포비아*phobia*의 형태로 확산되어 대중 사이에서 여과 없이 나타나고 있었기 때문이다.

물론 IS*Islamic State*가 이슬라모포비아를 현실화한 것도 사실이다. 본래 IS는 ISIL*Islamic State of Iraq and the Levant*(이라크와 레반트

이슬람 국가)에서 레반트◘의 아랍어인 알 샴*al-Sham*을 더해 ISIS
로, 그리고 2014년 비로소 이라크와 시리아를 포함하는 확장
지역에서 독립을 선언하며 IS 활동을 본격화했다.

　IS를 이름 그대로 국가로 인정하지 않는 유럽에서는 이들
을 '다에시*DAESH, Dawlat al-Islamiya f'al-Iraq wa al-Shams*'라고 불렀다.
하지만 정직하지 못하고 올바르지 않은 사람이라는 뜻의 '다
에*Daes*'와 죄인을 뜻하는 '파히시*Fahish*', 혹은 멍청이라는 뜻
의 '자헤시*Jahesh*' 등 부정적인 단어와 발음이 유사해 IS 측에
서는 사용을 꺼린다. 결과적으로 IS라는 이슬람원리주의 집
단은 단체명의 변천 과정과 의미 그리고 일부 서구 언론에
서 지칭하는 용어에 대한 설명은 생략된 채 국제 사회에서
이슬람과 테러를 직결하는 편파적인 이미지를 확산하는 데
절대적인 영향을 미쳤다. 특히 한국에서는 2015년 1월, 19
세 청년이 튀르키예-시리아 국경에서 실종된 후 IS에 가담
했다는 소식이 전해지며 국내에서도 관련 국제 뉴스에 관심
을 갖게 되었다.

　종교 관련 보도의 이항 대립은 이른바 기독교와 이슬람교
의 대치로 영미권 뉴스 보도에서 반복 재생산되고 있다. 미디
어는 다원주의적 종교 가치관을 배태하지 못하고 횡포에 가

◘　그리스, 시리아, 이집트를 포함하는 지중해 동부 연안 지역을 말한다.

까운 특정 종교의 독선과 배타성만을 부추긴다. 다시 말해 국제 뉴스를 통해 기독교와 유대교보다 이슬람교를 더 부정적으로 묘사해 이슬람에 대한 편향된 인식을 양산하는 것이다.

2018년 미국 앨라배마대학교가 글로벌 테러리즘 데이터베이스로 연구한 바에 따르면 2008년부터 2016년까지 백인 및 우익 단체가 자행한 테러가 무슬림 극단주의자의 테러보다 두 배 이상 많은데도 무슬림에 의한 테러 관련 보도가 357%나 더 많았다. 이에 따라 이슬람의 대표성을 띤 IS와 테러의 연상 작용은 더 강화되어 일반 대중은 '모든 무슬림은 테러리즘과 연계된 것'으로 왜곡된 인식을 갖게 될 수 있다.

문제는 이렇게 형성된 이슬람에 대한 막연한 두려움이 이들을 향한 증오로 번질 수 있다는 것이다. 세계 곳곳에서 일어나는 크고 작은 테러들이 테러를 일으킨 주범에 대한 공포심을 유발하려는 본래의 목적을 달성한다면 그와 동시에 피해자들은 가해자에 대한 분노를 혐오로 키울 수밖에 없기 때문이다.

2015 파리 테러를 보도하는
한국과 프랑스

★　　9.11 테러 이후 14년이 지난 2015년 11월 13일, 현지 시각 21시경(한국 시각 11월 14일 6시경) 파리 곳곳에 연쇄 테러가 발생했다. 파리 외곽 생 데니스에 위치한 스타드 드 프랑스에서 독일과 친선 축구 경기가 치러지던 중 총성이 울렸고(21시 16분), 뒤이어 알리베르 거리, 샤론 거리, 볼테어 대로, 퐁텐 오 루와 거리 등의 노천카페와 가장 많은 사상자가 발생한 바타클랑극장까지 총 여섯 군데였다. 결국 프랑스는 국가비상 사태를 선포했다.

그렇다면 자국에서 일어난 참사를 보도하는 프랑스 뉴스와 서유럽 국가 중 한 곳에서 발생한 사건을 보도하는 한국 뉴스는 각각 어떤 특징을 보일까? 이러한 문제의식을 바탕으로 한국 지상파 3사 저녁 뉴스 중 가장 높은 시청률을 보이는 KBS 뉴스9와 프랑스 방송사 TF1❏의 저녁 8시 뉴스 Le 20H가 해당 사건을 보도하는 방식을 비교하고자 한다.

방송 뉴스는 앵커 멘트, 기자 발화, 자막 처리와 같은 텍스트와 샷들의 배열과 자료 화면 같은 영상 이미지로 구성된다. 기사량이 월등히 증가하는 사건 발생 다음날인 11월 14일과 11월 15일 양일간 KBS 뉴스9의 구성을 살펴보면 다음과 같다.❏

11월 14일 자 보도 제목

프랑스 최악의 연쇄 테러…"최소 127명 사망"

"쇼인 줄 알았는데…" 탄창 3번 갈아 끼며 15분간 난사

축구장 주변서도 폭발…축구 관람 올랑드 긴급 대피

IS "우리가 파리 공격"…4개월 전 예고

"2~3그룹으로 나눠 치밀한 계획 뒤 동시다발 테러"

테러범들 공연장·식당·경기장 노린 이유는?

테러범 7명 자폭·1명 사살…공범 추적 중

조명 끈 에펠탑…프랑스 전역 충격·침울·공포 (파리 현장 연결)

유럽 인접국도 테러 비상…국경 통제 대폭 강화 (베를린 특파원)

❏　1975년 공영방송으로 출범해 1987년 민영화된 프랑스 방송사

❏　제목 중 강조는 헤드라인에 드러난 자극적, 공격적 표현으로 저자 표기

"테러범, 프랑스어 사용"…자생적 테러리스트?

파리 교민 "처음 겪는 악몽의 밤…전쟁 같았다"

전 세계 애도 물결…"우리 모두가 파리 시민"

11월 15일 자 보도 제목

사망자 129명…테러 조력 용의자 3명 체포

"고도로 훈련된 3개 그룹이 파리 시내 동시 테러"

"지옥이었다" 학살의 피바다…아비규환 3시간

[르포] 참혹한 현장…거리 곳곳 총탄 세례·혈흔

우려가 현실로…테러범들 난민으로 위장

관광객 대신 군인들이…인적 끊긴 파리

헌혈·여행객 도움까지…시민정신 빛났다

'스마트폰 덕분에…' 파편 튕겨 나가 살았다

파리 여행 취소 문의 잇따라…관광업계 타격

    KBS 뉴스9는 11월 14일 헤드라인으로 파리 테러를 배치해 총 12건의 뉴스를 집중 보도했고, 11월 15일 역시 파리 테러 관련 보도를 시작으로 8건의 국제 뉴스와 테러로 인해 국내 관광업계에 미친 영향을 보도했다. 테러 발생 후 이틀 동안 KBS 뉴스9의 보도 제목에는 '테러(범), 테러리스트, 사망, 공격, 악몽, 전쟁, 지옥, 학살, 피바다' 등과 같은 부정적인 단어들이 주를 이루었다. 파리 특파원을 연결한 "조명 끈 에펠탑…프랑스 전역 충격·침울·공포"(보도 시간 2분 22초) 보도는 특파원이 테러 현장이 아닌 스튜디오에서 현지 소식을 전했으며, 이를 제외한 나머지 기사들은 방송 뉴스 평균 보도 시간인 1분 30초 정도 보도했다. 이는 현장 취재가 절대적으로 부족한 국제 뉴스의 한 단면으로 특파원의 취재력을 의심하게 하는 대목이다.

또한 기사 대부분은 외신 보도의 현장 영상과 기존 자료 화면에 기자 발화를 추가했는데 "프랑스 최악 테러 유럽 대륙 초비상"이라는 도입 문구로 뉴스 영상을 제작해 사태의 심각성을 강조했다. 이는 파리 시민뿐 아니라 전 세계 사람들 모두 전혀 예상하지 못했던 사건이 발생한 것에 대한 긴박함과 공포심을 자극하기에 충분했다.

구체적인 영상 보도 장면을 보면 "축구장 주변에서도 폭발…축구 관람 올랑드 긴급 대피" 보도는 CNN 뉴스 속보 "Three blasts heard outside stadium"에서 14일 밤 열린 프랑스와 독일 축구 친선 경기 장면과 경기를 관람하던 올랑드 대통령이 경기장을 빠져나간 후 진행한 인터뷰 장면을 삽입해 보도했다. "IS '우리가 파리 공격'… 4개월 전 예고" 보도에서는 IS 깃발과 흐느끼는 파리 시민의 모습을 교차해 가해자와 피해자의 모습을 대치시켰다. "2~3그룹으로 나눠 치밀한 계획 뒤 동시다발 테러" 보도에서는 미국 9.11 테러 당시 세계무역센터와 국방부 등이 납치된 여객기에 의해 격파되는 장면을 보여주며 9.11 테러 이후 확산된 테러에 대한 국제적 차원의 공포를 자극했다. 무엇보다 9.11 테러와 14년이라는 시차가 있는데도 두 사건을 '이슬람극단주의 테러'로 묶어내어 시청자로 하여금 자연스럽게 2001년 9.11 테러의 모습으로 2015년 파리의 혼란스러움을 상상하게 만들었다.

이런 가운데 11월 15일 자 "우려가 현실로⋯테러범들 난민으로 위장" 보도는 시리아 난민을 취재원으로 동원해 파리 테러의 용의자들이 시리아 여권으로 난민 지위를 악용한 점을 보도했다. 이에 따라 유럽의 난민 수용에 대한 찬반 논쟁이 거세질 것으로 예상, '테러는 이슬람 교리와 어긋난다'라는 시리아인의 주장을 인용하기도 했다. 하지만 이슬람 혐오증 깃발 이미지를 삽입해 테러와 이슬람은 다시 접합될 수밖에 없었다. 즉 KBS 뉴스9는 테러 발생 후 짤막한 파리 현장 스케치에 배후 세력으로 주목받는 IS에 관한 발언과 영상 그리고 9.11 테러 영상을 소환해 이슬람에 대한 부정적인 이미지를 강화했다.

반면 TF1 Le 20H의 경우 11월 14일은 'Attaques Terror-istes à Paris: l'état d'urgence(파리 테러 공격: 국가비상사태)'라는 문구를 전체 뉴스 화면 하단에 배치한 후 별도의 개별 기사 없이 1시간 50분 동안 특집 방송을 진행했다. 파리 테러가 프랑스의 국내 이슈라는 점을 고려하더라도 KBS 뉴스9와 다른 취재원들의 선정 및 보도 방식을 살펴볼 필요가 있다. 예컨대 TF1 Le 20H는 히잡을 쓴 중년 여성, 이슬람계로 추정되는 이름인 아흐메드를 인터뷰 대상자로 선정해 테러와 이슬람을 분리하려 했고, 난민 유입으로 시리아와 정치·외교적 난제를 안고 있는 와중에도 시리아 아사드 대통령과 인터뷰를 진행하기도 했다.

TF1 Le 20H의 2015년 11월 15일 파리 테러 관련 보도

Attentats à Paris: un hommage rendu en la cathédrale Notre-Dame (노트르담 성당의 추모식)

Des mouvements de panique à Paris (혼란 속의 파리)

A l'intérieur du Bataclan, les premières images de l'attaque (바타클랑 내부, 테러의 첫 이미지)

Au moins quatre kamikazes étaient Français, deux étaient frères : qui étaient-ils?(자살 테러범 4명은 프랑스인, 2명은 형제: 그들은 누구인가?)

Attentats à Paris : l'enquête s'exporte en Belgique (벨기에에서의 조사)

Pourquoi la Belgique cristallise les mouvements djihadistes? (왜 벨기에가 지하디스트의 활동 무대인가?)

Attentats à Paris : le parcours des terroristes (테러리스트의 경로)

Attentats à Paris : l'enquête avance vite, un 8e homme recherché (8번째 용의자 수배)

Attentats à Paris : le point sur les blessés et disparus (부상자와 실종자)

DIR ATALAYA HOPITAL ST ANTOINE (성 앙투완 병원 현장 연결)

Attentats à Paris : la classe politique française mobilisée autour d'Hollande (프랑수와 올랑드 대통령 중심으로 정치권 회동)

Etat d'urgence en France: les propositions de Nicolas Sarkozy

(프랑스 국가비상사태: 니콜라 사르코지 전 프랑스 대통령의 제안)

Attentats à Paris : après l'effroi, le recueillement

(두려움을 이겨내는 기도)

A Paris, les hommages religieux(파리를 위한 종교계의 추모)

Devant le Bataclan, une scène de panique illustre la tension

(바타클랑 근처의 아비규환)

Attentat à Paris : qu'est-ce que l'Etat islamique?

(IS는 무엇인가? 부제: Daech는 우리의 적인가?)

L'ex-juge anti-terroriste Trévidic : lutter contre le 'nouveau' terrorisme va "demander 2 ou 3 ans"

(반테러리스트 재판관: 새로운 유형의 테러리즘에 대한 향후 경계)

Attentats à Paris : l'hommage du monde à la France

(프랑스를 위한 세계 각국의 추모)

La jeunesse veut résister face à un terrorisme qui les cible

(테러리즘에 저항하는 젊은 세대)

11월 15일 뉴스에서는 "Attentat à Paris : qu'est-ce que l'Etat islamique?(IS는 무엇인가? 부제: Daech는 우리의 적인가?)" 보도와 같이 파리 테러의 배후를 자처한 IS 조직 구성의 배경과 당시 IS 총책이었던 이슬람교 예배 지도자(이맘) 출신 알바그다디의 배경을 자세히 보도했다. 그는 미국에 의해 발발한 이라크전쟁 이후 사담 후세인 동상 철거를 방해한 혐의로 2004년에 수감되어 극단주의자로 변모한 인물이었다. 이러한 심층 보도와 더불어 "Attentats à Paris : l'hommage du

〈르 몽드〉기자가 부상당하면서 바라클랑 극장 총격 당시 대피하는 관람객들을 촬영한 파리 테러의 대표 영상

테러라는 공포를 이겨내는 파리 시민들의 모습

monde à la France(프랑스를 위한 세계 각국의 추모)" 보도를 통해 영국 캐머런 총리, 독일 메르켈 총리의 애도 메시지와 러시아, 브라질, 중국, 일본, 대만, 그리고 한국 TV조선 등 세계 각국의 파리 테러 보도 영상을 보여주며 전 세계가 프랑스에 보내는 위로의 메시지를 거듭 강조했다.

정리해 보면, 파리 테러 이후 이틀 동안 TF1 Le 20H는 테러로 인한 충격이나 추가 테러 가능성을 암시하며 공포를 자극하기보다 현장 연결을 통해 꽃과 촛불, 시민들이 남긴 메모를 보여주며 서로를 위로하는 모습을 보도했다. 또한 파리뿐 아니라 다른 도시에서도 이어지는 추모 장면을 보도하며 테러로 인한 갈등보다는 연대를 강조했다. 테러 발생에 대한 두려움, 슬픔, 공포를 이겨내는 국가 차원의 회복 의지를 내세워 하루빨리 일상에 복귀하는 것으로 테러에 맞서자는 저항의 메시지를 우회적으로 드러낸 것이다.

이는 과거 식민 지배를 했던 북부 아프리카 출신 아랍계 이민자들을 포섭해야 하는 프랑스의 숙명인지도 모른다. 그렇지만 한 사건을 다루는 두 언론사의 방식에는 분명 차이가 있으며, 이는 각 언론사 고유의 보도 방식과 사회·문화적 배경이 다르기 때문이다. 우선 한국형 방송 뉴스 도식◘을 그대로 따르는 KBS 뉴스9는 정형화된 보도 시간에 맞춰야 하므로 사건 중심의 분절적인 뉴스 소재와 제한된 취재원을 선택할 수밖에 없다. 반면 TF1 Le 20H는 아이템에 따라 기사의 길이를 달리하며 현장을 연결하거나 다양한 취재원과의 인터뷰를 중요도에 따라 상이하게 보도했다. 이러한 뉴스 구성의 차이는 뉴스 가치를 상반된 방식으로 극대화했다. KBS 뉴스9는 파리 테러의 폭력적 이미지를 공포로 규정하며 이슬람을 악마화하는 반면, TF1 Le 20H는 '연대', '결속'을 뜻하는 솔리다리떼*Solidarité*를 반복 사용하면서 연대 의식으로 위기를 극복하자고 강조했다.

또한 KBS 뉴스9는 테러의 주범인 IS 영상을 자료 화면으로 반복 사용하여 반인륜적인 행위를 자행한 이슬람 관련 집

◘　뉴스 한 아이템 당 평균 75초 길이로, 앵커 도입 문장 두 개와 기자 리포팅 일곱여 개 문장으로 구성되며 그 가운데 한두 개의 인터뷰를 삽입한다.

단을 노골적으로 보여주었다. 그 결과 IS와 이슬람을 동일시하고 광기의 산물, 구제 불능의 IS를 이슬람 전체로 해석하게 해서 야만적이고 악마적인 속성과 연결 지었다. 하지만 TF1 Le 20H는 테러와 종교 차원의 이슬람을 분리하기 위해 '이슬람'이라는 단어 사용을 자제하며 테러 용의자를 '다에시나 지하디스트(이슬람극단주의자)'라고 불렀다. 물론 무슬림 이민자들을 정치적으로 이용하는 프랑스의 다문화 정책을 염두에 두기도 했겠지만, 관용의 나라를 표방하는 프랑스 언론의 보도 방식을 본보기 삼아 한국 언론 또한 소수 집단인 이슬람을 재현하는 방식을 성찰해봐야 할 것이다.

한국 국제 뉴스의
중동, 아랍, 이슬람 보도 방식

★   파리 테러를 보도하는 한국과 프랑스 뉴스의 차이에서 알 수 있듯이 국제 뉴스는 국가별, 방송사별 보도 관행의 답습에 따른다. 특히 지리적으로 요원한 중동 지역, 아랍 문화권, 이슬람이라는 종교적 요소는 한국인들에게 낯선 뉴스거리이기 때문에 이들에 관한 보도 태도는 오랜 시간 관행으로 굳어졌다.

이를 더욱 자세히 살펴보기 위해 1990년부터 2021년까지 30여 년간 중동, 아랍, 이슬람에 관한 한국 국제 뉴스를 빅데이터로 수집·분석했다. 그 결과 한국 언론이 중동, 아랍, 이슬람을 보도하는 방식은 크게 세 가지 특징을 보였다.

첫째, 대내적으로는 자국민이 연루된 사건 · 사고, 대외적으로는 미국과 이해관계가 얽힌 대중동 외교 정책에 관한 보도가 많았다. 예컨대 세계적으로 IS가 활개를 치던 2015년 1월, 한국의 10대 청년이 튀르키예-시리아 국경을 넘어 IS에 가담했다는 보도가 나오고 나서야 이슬람극단주의 세력에 관한 관심이 확산되었다. 그리고 한미동맹의 굳건함을 증명해내야 하는 상황으로 인해 미국의 대중동 정책에 따라 보도 태도도 달라졌다.

둘째, 대통령의 중동 순방 이후 경제 협력 관계가 강화되자 보도량이 증가했다. 여기에 2020년 8월, 이스라엘-아랍에미리트 평화협정(아브라함 협정) 체결 이후 중동 내 지각 변동이 일어나자 한국 역시 경제적 이해관계에 중점을 둔 외교 전략을 보도했다.

끝으로, 한국의 외교적 상황과 지정학적 위치, 국익을 위한 경제 협력을 중요시한 나머지 국제 사회에서의 상호 문화 교류 기사는 미미했다. 보도가 되더라도 문화 분야의 국제 뉴스는 특정 국가와 특정 시기에만 일시적으로 보도량이 증가했으며 아랍 · 이슬람 문화권에 대한 심리적 거리감을 드러냈다. 예컨대 비전2030 정책을 내세운 사우디아라비아에서 2019년 10월 BTS가 외국인 가수 최초로 무대에 오르자 관련 기사가 폭발적으로 증가으나 이는 양국 간 이질적인 문화를 이해하는 계기가 되기보다는 한국 관점에서 자문화 중심적으로 기사화하는 한계를 드러낸 것이다. 이와 같은 일방향적 접근은 결국 해당 문화권에 대한 몰이해로 이어져 중동 국가별 상이한 문화 풍토를 정교일치의 왕정 국가라는 단편적인 이미지로 고착시킬 가능성이 크다.

이러한 까닭에 중동·아랍·이슬람에 관한 국내외 국제 뉴스를 글로벌 시민에 걸맞게 읽고 쓰는 능력이 필요하다. 다시 말해 국제 뉴스를 통해 중동·아랍·이슬람을 접하는 우리는 포스트 9.11 저널리즘이 양산한 이슬라모포비아를 염두에 두고, 이를 위해 해당 이슈에 대해 포괄적이고 다각적인 접근이 가능한 뉴스 생산자를 길러내야 할 것이다. 중동·아랍·이슬람에 대한 편견과 현실적인 거리감으로 인해 간단치 않은 작업임이 분명할 테지만, 그럼에도 관련 국제 뉴스를 '바로' 읽고 쓰는 훈련이 필요한 이유는 폐쇄적인 전통 이슬람 국가였던 사우디아라비아가 BTS 공연으로 문호 개방의 제스처를 취한 것처럼 이미 중동·아랍·이슬람은 먼 나라 이야기가 아니기 때문이다. 서로 간 거리를 좁혀 나가도록 뉴스 생산자와 수용자 모두를 아우르는 국제 뉴스 리터러시 교육을 기대해 본다.

5장

이스라엘-팔레스타인 분쟁을 바라보는 서구의 눈

Global Media Literacy for Global Citizen

백승훈(한국외국어대학교 중동연구소 연구원)

〈워싱턴포스트〉(미국), 〈뉴욕타임스〉(미국), 〈르 몽드〉(프랑스), 〈더 가디언〉(영국), 〈텔레그래프〉(영국), 〈쥐트도이체 차이퉁〉(독일) 등 진보, 보수 성향을 가릴 것 없이 세계 유수의 정론지 국제면은 늘 중동과 북부 아프리카*MENA, Middle East & North Africa* 기사가 다수를 차지하고 있다. 현재 시제로 세계의 이해관계가 엉켜있는 주요 분쟁들이 상존하고 있고, 동시에 내부적으로도 권력 투쟁과 지역 국가 간의 경쟁이 끊임없이 충돌하기 때문이다. 특히 중동과 북부 아프리카 지역은 2021년 기준 전 세계 총 탄소 자원(석유와 천연가스) 보유량의 71.4%를 차지하고 있는, 지정학적으로 세계 각국의 에너지 자원의 혈맥이며 에너지 안보의 핵심 지역이므로 국제 사회의 관심이 집중될 수밖에 없는 곳이다.

그러나 중동과 북부 아프리카 지역은 1970년대 오일쇼크와 건설 붐을 제외하고는 우리나라 언론에서는 무관심의 지역, 소외된 공간이었다. 냉전 체제하에 있던 대한민국으로서는 무엇보다 남북 관계가 중요했고, 한미동맹, 집단 안보를 위한 일본과의 갈등과 협력, 한반도를 둘러싼 동북아 정치 질서 지형의 변화에 대한 대책 마련이 가장 시급한 사안이었기 때문이다.

이러한 우리의 기조는 1990년대 소련의 몰락과 힘의 균형이 유지되던 양강 체제가 몰락하면서 변화하기 시작했다. 부시 행정부가 '새로운 질서*New World Order*'의 필요성을 천명했듯 냉전 이후의 세계는 핵 확산, 민족 갈등, 테러리즘 같은 다양화된 안보 위협에 직면했기 때문이다. 일부 학자들은 미국이 냉전 종식 직후 선언한 '새로운 질서' 계획이 너무 성급한 국제 안보 전략 설정이라고 평가했다. 그러나 모순적이게도 미국이 예측한 위협들은 실제 현실과는 괴리가 있다고 비판받았지만 곧 현실이 되었다. 특히 중동과 북부 아프리카 지역은 1990년 1차 걸프전을 시작으로 9.11 테러와 극단주의 테러리즘, 아프가니스탄 전쟁, 이라크 전쟁, IS의 등장, 자스민혁명, 이란 핵 확산, 리비아·예멘·시리아 내전 등 냉전 이후 도래한 국제 사회 안보 의제들이 종합적으로 산재한 핵심 분쟁 지역이 되었다. 이에 세계 경제 규모 면에서 10위의 중진국으로 성장한 대한민국은 그간 우리 논의의 중심이 한반도를 중심으로 한 4대 열강 간의 역학 관계에 초점을 맞추어왔던 것에서 벗어나 높아진 그 위상만큼 중동과 북부 아프리카 지역의 정세를 이해하고 적극적으로 대응 방안을 모색해야 할 필요성이 증대되고 있다. 그러나 우리에게 소개되어있는 중동 국가에 관한 문헌들, 특히 정치 및 사회에 대한 지식과 정보들은 표면적인 현상을 피상적으로 외부자의 시선을 통해 분석하는 데만 머물러왔다. 현상 이면에 감추어져 있는 중동의 역사적, 인식론적, 이데올로기적, 문화인류학적 맥락을 전체적으로 조망하는 작업은 아직 미흡한 단계이다. 중동과 북부 아프리카 지역에서 일어나는 제반 현상의 인과 관계를 비교적 정확하게 분석하기 위해서는 이면에 자리 잡은 배경 변수에 관한 포괄적이고 체계적인 이해가 선행되어야 함은 물론 1차적으로 해당 지역에서 벌어지는 사건들에 대해 좀 더 주체적으로 받아들여야 할 필요가 있다.

이러한 문제의식을 바탕으로 이 장에서는 편향된 언론 보도와 정보의 비대칭성이 두드러지게 나타나는 이스라엘-팔레스타인 분쟁에 대해서 다루어보고자 한다.

이스라엘-팔레스타인 분쟁과
언론 보도 지형

이스라엘-팔레스타인 분쟁 보도의 특징

★   언론 보도의 영향력을 분석하는 연구의 대부분은 구성주의 이론에 집중한다. 일어나는 사실을 공론의 장에서 서사화하고, 담론 과정을 거쳐 해당 사회가 중요하게 다루어야 하는 의제로 구성되는 데 언론이 끼치는 영향력이 지대하기 때문이다. 즉 특정 사안에 대한 언론 혹은 언론인의 관점이 그것이 선입견이든, 우월적 관점이든, 합당한 검열이든 개입해 여론 형성에 영향을 끼친다는 것이다.

특히 뉴 미디어의 출현으로 언론 지형이 다변화되면서 대중의 이목을 끌기 위해 기존의 언론 매체_Legacy Media_들 역시 정보의 단순화로의 보도 경쟁이 심화되면서 복잡한 사안을 심층적으로 해체해 대중에게 정보를 제공하기보다는 손쉽게 만들어진 고정관념을 빠르게 전파하면서 문제 및 갈등 해결을 오히려 확대하는 모습을 종종 보여주고 있다.

독일은 분쟁이 극대화되는 데 가장 큰 영향을 미치는 요인으로 해당 사건 혹은 분쟁이 어떤 방식으로 분석되고 소구되는지에 달렸다고 주장한다. 쉽게 말해 해당 사건이 경쟁적인 모델_Win-Lose Model_로 다루어지는지 아니면 협력 모델_Win-Win Model_로 다루어지는지에 따라 갈등 고조 정도가 결정된다는 것이다.[14]

이스라엘-팔레스타인 분쟁 보도의 가장 큰 문제섬이 바로 이 지점에 있다. 특히 이스라엘-팔레스타인 분쟁은 독일이 주장하는 대로 언론에 의해 경쟁 모델의 전형을 보여주고 있는데 양측의 갈등이 장기화됨에 따라 분쟁의 요인이 사회적 신념으로 정형화되고 있다. 결국 이스라엘과 팔레스타인 측 모두 자신들이 상대방에 가하는 폭력은 정당하며 폭력의 수단을 지키는 것이 국가 안보를 지키는 것과 동일시되는 상황에까지 이르게 된 것이다.[15] 이스라엘-팔레스타인 분쟁을 종식시키고 유엔의 해결 방안인 '두 개의 국가론'이 확립되기 위해서는 언론이 부추기는 서로에 대한 몰이해와 오독을 극복하고, 이를 통해 구성된 잘못된 담론 및 인식을 바탕으로 공고화된 사회 신념, 이스라엘과 팔레스타인 서로의 국가 건설이 국가 위협으로 받아들여지는 것을 해체시켜야만 한다.

이스라엘-팔레스타인 분쟁에서 국제 사회가 합의한 해결 구조는 간단하다. '영토 대 평화'이다. 1967년 제3차 중동전쟁에서 이스라엘 측이 획득한 팔레스타인 영토를 반환해 팔레스타인과 이스라엘 두 개 국가가 건립되면 팔레스타인은 이스라엘과의 영구적 평화를 보장한다는 것이 주요 골자이다. 물론 현재 가자 지구에서 집권에 성공한 하마스 정권이 이스라엘 측에 대한 물리적 공격을 감행하고 있는 것은 사실이지만 양측의 계속되는 분쟁의 주요 원인은 이스라엘의 불법 점령에 있다.

1993년 이스라엘과 팔레스타인이 합의한 '오슬로 협정'은 요단강 서안 지구와 가자 지구를 팔레스타인 자치 정부 통치하에 두고 1967년 이스라엘이 점령한 지역을 순차적으로 팔레스타인 측에 돌려주기로 한 것이 주요 내용이다. 하지만 30여 년이 지난 현재까지 이행되지 않고 있을 뿐만 아니라 이러한 이스라엘의 불법 점령에 대해 국제 사회는 물론 언론들까지 중요하게 다루지 않고 있다. 해외 언론들은 분쟁의 실체적 진실은 외면한 채 이스라엘-팔레스타인 양측에서 벌어지는 갈등 상황과 충돌만을 기계적인 중립, 양비론에 입각하여 보도하고 있다. 이러한 언론의 보도 방식은 이스라엘-팔레스타인 분쟁을 갈등 해소보다는 충돌로 이어지게 하는 측면이 크다.

외신의 기조를 그대로 따르는 한국 언론의 보도

★　　가자 지구 분쟁은 2014년 7월 8일부터 8월 26일 7주간 벌어졌던 이스라엘과 팔레스타인 가자 지구 하마스 정부 간에 일어난 최대 전면 충돌이다. 2008년과 2012년에 벌어진 충돌이 이스라엘 정부의 압박 정책에 하마스 정부가 무력 시위를 한 것에 대한 보복 공격이었다면, 2014년 충돌은 하마스 정부의 축출을 목표로 이스라엘이 특수 부대를 포함한 정규군 6만 명을 투입한 전면적인 군사 작전이어서 양측의 피해가 컸다. 특히 전력이 열세한 팔레스타인의 피해 규모가 더 컸는데 유엔에 따르면 사망자 2,168명, 부상자 1만 895명에 달하며 사망자 중 70%는 민간인이었다. 이스라엘 군은 민간인을 상대로 대량 살상 무기인 소형 분리 집속탄을 사용했다. 이 집속탄은 이스라엘 내에서는 합법이지만 국제법상으로는 불법 무기였기에 많은 논쟁을 낳았다.

　2014년 7월 가자 지구 분쟁에 대한 외신의 언론 보도는 구조화의 문제점을 여실히 보여주었다. 해당 분쟁의 실체적 진실에 대한 보도보다는 벌어지고 있는 갈등 상황과 피해자 현황만을 부각하고, 하마스와 이스라엘 측에 대한 양비론을 펼침으로써 국제 사회의 담론이 갈등 해소보다는 해당 충돌을 관망하는 쪽으로 흐르게 한 것이다.

당시 대다수의 서구 언론들은 이스라엘 정규군의 불법 무기 사용과 민간인 밀집 지역인 가자 지구에서의 군사 작전 수행을 보도하면서도 하마스 측이 민간인들을 인계철선*Human Wire*으로 이용하고 있다며 기계적인 중립 보도를 했다. 또한 이스라엘 군의 군사 작전을 하마스의 로켓 발사에 대한 '대응', '응전', '충돌'로 보도했다. 이에 영국 런던 BBC 본사에 1만 5,000명의 시위대가 결집했고 그들은 '이스라엘 정규군의 팔레스타인 가자 공격'에 대한 보도를 공정하게 할 것을 촉구했다.

가자 지구는 2008년 사태 이후 이스라엘에 의해 완전히 봉쇄된 상태로 전력과 상하수도는 물론 모든 생필품이 이스라엘 방위군의 통제하에 반입되는 '창살 없는 감옥'이었다. 그러나 해외 언론들은 이러한 이스라엘의 억압 정책과 강경파 정부인 하마스의 갈등 고조와 충돌을 공론의 장에 올려 논의하기는커녕 원색적인 기사로 이스라엘-팔레스타인 양측의 행태를 비판하며 평화주의를 강조하는 교조주의적인 모습까지 보였다. 한국 언론 역시 이러한 외신의 기조를 그대로 받아들여 외신이 갖는 문제점에서 벗어나지 못했다.

이렇듯 국내외 이스라엘-팔레스타인 분쟁 언론 보도에서 보여주는 기계적 중립과 양비론은 해당 분쟁에 대한 양쪽의 잘못을 짚어내어 감시자로서의 언론 역할을 하고 있다는 착시를 가져오지만 결국 이스라엘이 생산하는 '국가 안보를 위한 방어 논리'의 틀 안에서 언론의 보도가 벗어나지 못하는 결과를 낳았다.

이 과정에서 우리 언론은 정작 우리가 관심을 갖고 다루어야 하는 해당 사안에 대한 정부의 정책이나 외교적 결정에 대한 보도와 공론화는 소홀히 했다. 한국 정부가 유엔 인권위원회에 상정된 '2014년 가자 지구 분쟁 중 이스라엘 군의 전쟁 범죄 조사를 위한 결의안' 채택에서 기권표를 행사한 것 또한 언론에서 제대로 다루어지지 못했다. 2014년 당시 대한민국은 유엔 인권이사회 이사국이며 안전보장이사회 비상임이사국이었지만, 우리나라 언론은 유엔 인권위원회 회원국 46개국 중 미국만이 반대한 이 안건에서 우리나라가 기권표를 행사했다는 것에 대한 어떠한 문제 제기나 논의도 공론화하지 못했다.

이스라엘-팔레스타인 분쟁에 대한 한국 언론 보도

특정 국가 외신에만 의존하는 보도 행태

★　　　이스라엘-팔레스타인 분쟁 보도에 있어 한국 언론의 편향성은 이미 여러 차례 지적되었다. 양국이 분쟁을 벌이는 근본적인 이유와 역사, 문화적 맥락은 물론 해당 분쟁이 일어나게 된 핵심 요인에 대한 분석이 없다는 비판은 2008년 가자 지구 사태 이후 이스라엘-팔레스타인 분쟁이 벌어질 때마다 언급되었다. 물론 주요 분쟁 지역인 가자 지구와 서안 지구는 위험 지역이어서 특파원이 입국해 취재하려면 여러 사항을 고려해야 한다. 특히 코로나19 시기에는 다른 지역보

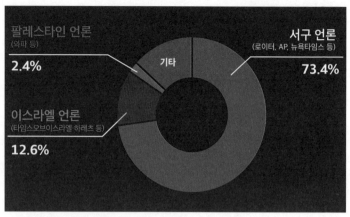

팔레스타인 언론
(와파 등)
2.4%

기타

서구 언론
(로이터, AP, 뉴욕타임스 등)
73.4%

이스라엘 언론
(타임스오브이스라엘·하레츠 등)
12.6%

이스라엘-팔레스타인 분쟁에 관한 한국 언론의 외신 인용 비율
(출처: KBS 질문하는 기자들 Q)

다 방역이 취약한 지역 상황도 고려해야 했다.

　문제는 이러한 취재 공백이 서구 언론의 외신 보도로 메워지고 있다는 점이다. 서구 언론의 보도에는 그들만의 논조와 서사가 있으며 그 과정에서 만들어지는 담론은 해당 국가의 이해관계를 어느 정도 내포하고 있다. 즉 이스라엘-팔레스타인 분쟁의 본질과 주기적으로 벌어지는 분쟁 및 민간인 피해를 이해하려면 양측의 충돌로 발생하는 원색적인 피해 상황이나 이스라엘, 팔레스타인 정부의 성명 발표가 아닌 사안에 대한 인과 관계를 명확히 전달해야 하며, 외신 보도에 기반한 뉴스 보도에도 신중을 기해야 한다.

　그러나 이스라엘-팔레스타인 분쟁 보도에 있어 한국 언론의 외신 인용은 서구 언론에 집중되어있다. 이러한 편향성은 서구 언론에 대한 높은 신뢰에서 비롯된다. 미국, 영국, 프랑스 등 소위 선진국의 언론 보도는 교차 검증 뒤 뉴스로 구성되는 것이므로 공신력이 있다고 보는 것이다.

그러나 2010년 아랍의 봄 이후 대의 민주정 강화를 통한 이슬람 정당의 득세와 집권 그리고 몰락을 경험한 현재에 중동 사회에 대한 조건 없는 민주주의 강조와 도입을 이야기하는 기조는 변화하고 있다.

중동 지역 유일한 민주주의 체제라는 담론

이스라엘과 서방 국가는 가치 동맹 관점에서 이스라엘이 '중동 내 유일한 민주주의 체제 국가'이며 서방 세력에게 '중동 지역의 유일한 가치 동맹국'이라는 전략적 담론을 유지하고 있다.[16]

이러한 담론은 이스라엘-팔레스타인 분쟁, 특히 가자 지구에서 벌어지는 분쟁에서 강하게 작동하는데, 서구 언론들은 하마스의 로켓 또는 박격포 공격을 하나 같이 자유 민주 진영에 대한 공격이라는 측면에서 다루고 있다. 이스라엘 정부는 가자 지구에서 하마스에 의해 발사되는 박격포나 로켓 공격으로 인한 피해 규모와 위협 정도는 함구하면서 하마스의 무력 행동이 평화롭게 일상을 살아가는 이스라엘 국민에 대한 무차별적 테러 공격이라고 규정해놓고, 이를 이스라엘-팔레스타인 분쟁에 대한 보도의 주요 틀로서 작동하게 하고 있다. 하지만 이러한 보도의 틀은 이스라엘-팔레스타인 분쟁, 특히 가자 지구를 두고 주기적으로 일어나는 무장 소요 사태를 설명해 주진 못한다.

'중동의 화약고'라고 불리는 팔레스타인 가자 지구는 이집트와 이스라엘 사이에 위치해 양국에 편입되기를 반복하다가 1994년에 자치구로 인정된 지역이다. 역사적으로 지속적인 무력 충돌이 이어졌던 이곳에 반이스라엘 세력인 하마스 정부가 설립되자마자 이스라엘은 국가 안보를 이유로 국경을 전면 통제한 뒤 장벽으로 완전히 봉쇄했다.

지금도 이스라엘 지역으로 통근하는 팔레스타인 사람들은 다양한 차별을 경험하고 있다. 해상 통로는 물론 모든 육상 통로가 통제되어 생필품은 물론 전력 및 식수마저 부족한 위기 상황에 처해 있다. 이스라엘은 테러 위험이 있다는 이유로 가자 지구에 12시간만 전력을 공급하고 있다. 국제 사회는 이러한 이스라엘의 조치가 반인권적이라고 비판하고 있으나, 이스라엘-팔레스타인 간에 물리적 충돌이 일어나면 서구 언론은 물리적 충돌과 피해 상황에만 집중할 뿐 갈등의 근원에 대한 문제 제기나 국제 사회의 행동을 촉구하는 보도는 하지 않는다.

팔레스타인 측 행위자에 대한 악마화 담론

이스라엘은 가자 지구의 하마스 정부가 얼마나 반민주적이고 폭력적인 집단인지를 강조한다. 서구 언론들은 하마스의 주장도 보도하지만 이스라엘 측의 주장 역시 같은 시간을 할애해 기계적 중립을 지킨다. 이러한 보도 행태는 실제 팔레스타인 가자 지구의 상황에 대한 대중의 이해를 반감시키고, 여론 형성 과정에서 손쉬운 양비론이 대다수를 차지하게 되어 문제 해결보다는 '현상 유지', 즉 이스라엘-팔레스타인 분쟁 및 갈등의 지리멸렬한 진행이 계속되도록 돕는 결과를 낳는다.

아래 사진은 하마스에 대한 악마화 담론을 효과적으로 관

가자 지구 관련 이스라엘-팔레스타인 분쟁에서 전략적으로 사용되는 민주주의 프레임
(출처: 이스라엘 외교부 'Rocket fired on your city? It's surreal!')

찰할 수 있는 자료이다. 이스라엘은 하마스가 학교와 병원 등 약자가 주로 운집해 있는 장소에서 이스라엘에 대한 군사 작전을 수행한다고 비난한다. 그리고 학교와 병원을 볼모로 군사 작전을 수행하는 하마스 세력에 대한 악마화는 그들에 대한 이스라엘의 무력 공격이 정당하다는 국제 여론 형성에 유리하게 작용하고 있다.

이렇듯 이스라엘은 이스라엘-팔레스타인 분쟁에 있어 자유 민주주의 가치를 적극 활용하면서 전략적으로 여론전을 펼친다. 이는 국익이 우선시되는 각국의 외신 보도에 영향을 끼칠 수밖에 없고, 서구 언론 역시 이스라엘-팔레스타인 분쟁을 두고 벌어지는 담론 전쟁에서 자국의 이익을 고려한 보도를 하는 것뿐이다. 결국 우리 언론이 70% 이상을 우선 인용하는 서구 언론의 이스라엘-팔레스타인 분쟁 보도에도 이러한 논조와 틀이 그대로 드러내고 있어 우리나라의 보도 역시 본의 아니게 편향성을 띠게 되는 것이다.

이스라엘-팔레스타인 분쟁 보도에서
우리나라 언론의 편향성이 나타나는 사례

이스라엘 방위군에 의한 팔레스타인 미성년 희생자 보도

2022년 이후 47명의 아이들이 이스라엘 방위군*IDF, Israel Defense Forces*에 의해 사살되었다. 이스라엘 방위군에 의한 미성년 아동의 사망 사건은 어제오늘 일이 아니다. 2021년에도 무려 86명의 아이들이 이스라엘 방위군에 의해 사살되었다. 2021년과 2022년에 걸쳐 총 133명의 아이들이 사망했음에도 우리나라 언론에서는 이에 관한 보도를 접할 수 없다. 이스라엘-팔레스타인 분쟁의 격렬함과 팔레스타인 세력의 무장 투쟁 이면에는 이러한 죽음이 한 축을 이루고 있는데도 우리가 접하는 이스라엘-팔레스타인 분쟁 보도는 무력 충돌 이후 벌어지는 사건들과 희생자들의 정보, 팔레스타인과 이스라엘 양측에서 생산하는 보도 자료를 '기계적 중립'의 형식으로 정리해 보도하는 기사가 대부분이다.

2022년 11월 9일, 팔레스타인 서안 지구 나블루스에서 발라타 난민 거주 지역 출신인 마흐디 하샤시(당시 15세)가 이스라엘 방위군에 의해 사살된 사건이 발생했다. 이스라엘의 우파 정당 국회의원들이 유대교의 중요한 성지인 '요셉의 묘' 방문을 앞두고 안보 태세를 강화하기 위해 나블루스를 기습

가자 지구 관련 이스라엘-팔레스타인 분쟁에서 하마스가 인간 방패를 이용한다는 프레임
(출처: 이스라엘 외교부 '60 Seconds On How Hamas Uses People As Human Shields')

순찰하던 도중 벌어진 일이었다.

오슬로 협정에 따라 1995년 나블루스 지역은 팔레스타인 영토가 되었으나 이후에도 요셉의 묘는 이스라엘 측이 관리했다. 하지만 요셉의 묘는 팔레스타인에게도 이스라엘 침략의 상징이 되는 성지이므로 이스라엘의 보수 우파 국회의원들의 묘 참배는 분노를 자아낼 수밖에 없다. 이러한 배경으로 인해 이스라엘 방위군은 나블루스가 자기 관할 구역이 아님에도 나블루스에 대한 안보 강화에 나설 수밖에 없었고, 결국 피해자가 발생하게 된 것이다. 그러나 우리나라 언론에서 이에 대한 보도는 그 어디에서도 찾아볼 수 없었다.

2022년 8월 가자 지구 공습으로 사망한 팔레스타인 미성년 아동(출처: AlJazeera, www.
aljazeera.com/news/2022/8/8/the-names-and-faces-of-the-15-children-killed-in-gaza)

　　2022년 8월 이스라엘과 팔레스타인 무장단체인 팔레스타인이슬라믹지하드*PIJ, Palestine Islamic Jihad* 간에 벌어진 무장 충돌로 가자 지구에서 네 살 유아를 포함한 15명의 아이들이 사망한 사건도 우리나라 언론의 편향성이 나타난 사례다. 이스라엘과 팔레스타인이슬라믹지하드의 충돌은 이스라엘 방위군이 요르단 서안 지구에서 팔레스타인이슬라믹지하드 고위 간부인 바셈 알 사아디를 체포하면서 시작되었다. 양측의 무장 충돌이 11일간 지속되면서 서안 지구 반대편인 가자 지구에서도 이스라엘에 대한 로켓 공격을 감행했고, 이스라엘 방위군이 이에 대한 응징 차원에서 공격을 한 것이 16명의 미성년 사망자 발생이라는 결과로 나타난 것이다. 그러나 2022년 8월의 이스라엘-팔레스타인 무력 충돌에 관한 한국 언론의 보도를 보면, 펠로시 하원의장의 대만 방문이라는 대형 이슈가 있었기 때문이라고는 하지만 거의 전무하다시피 했다.

팔레스타인 정치범들에 관한 보도

2020년 팔레스타인 정치범의 수는 총 4,236명이며 이 중 352명은 행정 구금으로 재판 없이 이스라엘 교정 당국에 의해 감금된 정치범이다. 행정 구금이란 한 국가가 한 개인을 사법 절차 없이 잡아 가두는 행위로 보통 불법 이민자들에 대한 법적 조치가 필요할 때 적용한다. 그러나 이스라엘에 의해 행정 구금자로 체포된 팔레스타인인 대다수는 이스라엘 안보의 위협 인물이라는 이유로 구금되었다.

이스라엘에 구금된 팔레스타인 정치범에 대한 보도는 외신에서도 그 수가 많지 않지만 한국 언론에서는 거의 다루어지지 않았다. 언론의 감시 부재 속에 2022년 8월 이스라엘 정부는 723명의 팔레스타인 인사를 재판 없이 구금했다.[17] 그러자 2022년 9월 재판은 물론 기소도 없이 체포 구금된 팔레스타인 행정 구금인 중 30명이 무기한 단식 투쟁을 시작하며 자신들의 변호인조차 어떠한 증거를 바탕으로 이스라엘 검찰 당국이 기소했는지 알려주지 않는 행정 구금의 폐지를 요구했다. 그러나 이스라엘 당국은 자신들의 국가 안보를 위해서 행해지는 행정 구금은 테러리스트들에게 정보 기관이 습득한 정보를 노출하지 않으면서 적절한 조처를 할 수 있다고 강조하며 폐지하지 않을 것임을 여러 차례 밝혔다.

이스라엘의 행정 구금 조항을 보면, 구금 기한 사이에 틈을 두어 여러 차례 연속적으로 행정 구금 조처를 할 수 있다고 명시하고 있다. 이스라엘 당국은 이를 이용해 행정 구금에 반대하며 단식 투쟁하는 팔레스타인 정치범 중 건강 상태가 위험한 수형자들의 행정 구금을 풀어 석방한 뒤 건강이 회복되면 다시금 행정 구금으로 체포하는 행태를 보이고 있다.

이스라엘 정부의 행정 구금에 대항해 단식 투쟁으로 유명 인사가 된 대표적 인물로 카데르 아드난이 있다. 2011년 12월 17일 팔레스타인 서안 지구 아라바에 있는 자기 집에서 팔레스타인이슬라믹지하드 활동 혐의로 이스라엘 방위군에 체포된 그는 적법한 절차 없이 구금되어 2012년 1월 29일까지 심문받았다. 한 달여 간의 심문에도 혐의점을 잡지 못한 이스라엘 방위군이 초법적인 구금을 이어가자 카데르 아드난은 단식 투쟁을 시작했고, 단식 투쟁한 지 66일이 지난 2012년 4월 18일에서야 이스라엘 방위군은 그를 석방했다. 그러나 카데르 아드난은 첫 석방 이후 2022년까지 여

덟 차례나 행정 구금되어 7년 반의 시간을 감옥에서 보냈으며, 단식 투쟁으로 석방되었다가 회복하면 재구금되는 행태를 반복했다. 오랜 단식 투쟁 끝에 2022년 2월 석방된 히삼 아부 하와쉬 역시 2022년 9월 다시금 행정 구금 형태로 체포되었다.

국제앰네스티*Amnesty International*는 이스라엘의 팔레스타인인에 대한 행정 구금 조치를 인종 차별적인 21세기 아파르트헤이트라고 명명했다. 그러나 이스라엘의 행정 구금 피해자들에 대한 보도 및 반인권적인 행정 구금 실행 행태에 대한 한국 언론의 문제 제기는 매우 미흡했다.

국제 사회 이슈를 대하는
한국 언론의 변화

★   이스라엘-팔레스타인 분쟁에 관한 외신 보도의 가
장 큰 문제점은 해당 분쟁 혹은 사건이 협력 모델이 아닌 경
쟁 모델로 분석되고 소구된다는 점이다. 기계적 중립성과 양
비론에 따른 외신 언론의 책임 회피성 보도는 이스라엘과 팔
레스타인 모두에게 각자의 정당한 이유에 의해 갈등과 분쟁
의 고조를 지속하게 한다.

그 결과 양측 모두 자신이 상대방에 가하는 폭력은 정당하
며 폭력의 수단을 지키는 것이 국가 안보를 지키는 것과 동
일시되는 상황에 이른 것이다. 결국 외신 보도는 이스라엘과
팔레스타인 양측의 국가 건설이 서로에게 위협이 된다는 신

념화된 담론을 해체하는 데 실패했다.

우리 언론의 이스라엘-팔레스타인 분쟁 보도 역시 앞서 말한 외신 보도를 그대로 받아들임으로써 똑같은 문제를 내포하고 있다. 즉 이스라엘-팔레스타인 분쟁 보도에서 나타난 기계적 중립은 양측의 갈등 해소를 위한 핵심 의제 논의를 공론의 장으로 소환해 내지 못했을 뿐만 아니라 이스라엘 측에서 생산하는 안보 프레임 안에 언론 보도가 천착하는 결과를 낳았다.

또한 이스라엘-팔레스타인 분쟁 보도에 인용된 외신의 86%가 이스라엘 언론 또는 친이스라엘의 서구 언론에 치우쳐 있다는 사실은 한국 언론의 편향성을 여실히 보여준다. 특히 외신의 이스라엘-팔레스타인 분쟁 기사에서 나타나는 이데올로기적 편향성인 '민주주의 가치의 수호국 이스라엘'이라는 담론과 팔레스타인 측 행위자들의 악마화 담론은 우리 언론 보도에 지대한 영향을 끼쳤다.

대한민국은 경제적 측면으로나 정치적 영향력 측면에서 세계 10위권의 중진국으로 성장했다. 높아진 위상만큼 중국, 미국, 일본, 러시아에 집중했던 4강 외교에서 벗어나 국제 사회의 다양한 의제와 이슈에 대해 우리나라만의 시선과 정책이 필요하다. 이스라엘-팔레스타인 분쟁을 포함해 여러 국제 이슈에서 미국을 비롯한 강대국의 의견에 편승하는 것만으로는 더 이상 국제 사회 구성원으로서 역할을 다하지 못할 뿐만 아니라 각 사안에 대한 대응이 어렵기 때문이다. 물론 우리의 시각으로 이스라엘-팔레스타인 분쟁을 포함한 국제 문제를 다루려면 우리만의 시각으로 국제 이슈를 바라보게 해 줄 언론의 역량 강화와 보도가 필요하다.

6장

아프리카를 향한 왜곡된 시각, 빈곤 포르노

Global Media Literacy for Global Citizen

김수원(한국외국어대학교 국제지역대학원 국제학과 교수)

아프리카에는 55개국이 있고, 아프리카 대륙은 중국, 미국, 멕시코, 인도, 동유럽과 서유럽을 모두 합친 것보다도 더 크다. 세계에서 가장 큰 사막, 세계에서 두 번째로 큰 열대 우림 지역이 아프리카에 있고, 그 안에 고산 지대, 늪 지대, 사바나 지대 등 다양한 기후 및 지형이 존재한다. 이러한 환경에서 도시에 사는 사람뿐 아니라 농사를 짓는 사람, 가축을 키우는 사람, 사냥과 채집 생활을 하는 사람도 함께 살고 있다. 다양성은 아프리카 대륙뿐 아니라 아프리카 각 국가 안에서도 크다. 아시아에도 인도나 인도네시아처럼 여러 민족이 함께 사는 국가가 있지만 아프리카 국가별 민족 및 종족 디양성은 세계 평균에 비해 35퍼센트가 높다.

'아웃 오브 아프리카*Out of Africa*'설에 의하면 이 세계의 모든 인류는 약 10만 년 전에 아프리카를 떠나온 적게는 수백 명 많게는 수천 명의 아프리카 후손이라고 한다. 그래서 아프리카 사람들 간의 유전적 다양성은 다른 대륙의 사람들에 비해 높다.

아프리카는 언어적으로도 다양하다. 2,000개 이상의 서로 다른 언어 그룹이 있으며 이는 세계 언어의 3분의 1을 차지한다. 미디어 환경 역시 마찬가지이다. 아프리카 각국의 뉴스 및 미디어 환경은 언어, 종교, 국가 규모, 정보 통신 기술의 발전 정도, 경제 발전 정도, 도시화의 진행 정도, 문맹률 등 다양한 이유로 다른 모습을 띤다.

나는 아프리카 대륙의 몇몇 나라에 거주도 하고 여행도 하면서 11년이 넘는 오랜 시간을 보냈다. 그러나 나는 아프리카의 모든 나라를 가보지는 못했으며, 각국의 미디어 환경을 모두 연구할 수도 없었다. 세계 미디어는 아프리카 대륙을 하나의 국가인 양 바라보고 묘사하고 전달하지만 이 장에서 언급한 아프리카 한두 국가의 이야기가 아프리카 대륙 전체의 이야기라고 오해해서는 안 된다.

지금부터 아프리카를 늘 배고픈 한 덩어리로 바라보는 세계 미디어의 왜곡된 시각의 시작과 그 유혹, 그리고 그 부작용에 대해 이야기해보자.

미디어가 만들어낸
빈곤 포르노

★　　나는 남아프리카공화국의 케이프타운에서 11년이 넘는 기간 동안 살았다. 세계 여행객의 버킷리스트 1위로 자주 꼽히는 이곳은 나와 같은 아프리카 밖에서 온 외국인뿐 아니라 여러 다른 아프리카 국가의 사람들이 불법적 혹은 합법적인 경로로 이민 와서 사는 나라이다. 특히 다양한 아프리카 국가의 학생들이 이곳에서 유학 생활을 하고 있다. 케이프타운에서 함께 대학원을 다녔던 친구들의 국적을 잠깐 떠올려보아도 수단, 말리, 짐바브웨, 탄자니아, 케냐, 나이지리아, 가나, 콩고민주공화국, 에티오피아, 나미비아, 보츠와나, 레소토, 잠비아, 말라위… 이렇게나 다양하다. 아프리카에 위

치한 다양한 나라의 사람들을 만나고, 그들의 문화를 접하고, 그들의 이야기를 들을 수 있다는 점이 케이프타운의 장점 중 하나다.

남아프리카공화국에 가서 막 친구를 사귀기 시작하던 시기, 한 번은 나이지리아 영화 클럽에 초대되어 가벼운 마음으로 영화 한 편 보러 갔다가 4시간이 넘는 상영 시간에 깜짝 놀랐던 기억이 난다. 철학과 박사 과정을 밟고 있는 에티오피아 친구와 시내에 있는 에티오피아 음식점에 간 적도 있다. 그때 먹은 음식은 에티오피아의 대표 음식으로 인제라 *injera* 라고 불리는 스펀지 팬케이크 같은 빵 위에 각종 고기 카레, 야채 등을 올려 싸 먹는 음식이었다. 향신료가 매콤해서 개운해서 우리 입맛에도 잘 맞았다. 맛있게 먹고 기숙사로 돌아와 한국에 있는 동생과 통화를 하다가 에티오피아 식당에 다녀왔다고 이야기하자 동생이 박장대소를 하며 말했다.

"에티오피아 음식? 뭐? 친구랑 둘이 가서 콩 한 쪽 나눠 먹고 왔어?"

무식한 소리 하지 말라고 화를 냈지만 동생을 비난하기는 힘들다. 한국 미디어에서 보여주는 에티오피아는 기근과 영양실조의 동의어이기 때문이다.

에티오피아가 기근과 영양실조의 동의어로 쓰이기 시작한 것은 1984년과 그 이듬해 에티오피아 북부 지역에서 일어난

1987년 에티오피아 기근을 보도하는 BBC 방송
(출처: https://www.youtube.com/watch?v=DqCjyi4KePg)

기근으로 약 100만 명이 생명을 잃은 대참사가 있고 난 후이다. 이 비극적인 참사는 BBC 뉴스로 전 세계에 알려졌다.

에티오피아 기근은 그 규모가 크기도 했지만 세계 뉴스 및 다큐멘터리의 측면에서도 한 획을 그었다. '인류애에 관한 이슈*Humanitarian Issue*'가 처음으로 미디어를 통해 전 세계로 퍼졌고 전 지구적 반응을 불러일으켰다는 점에서 그렇다. BBC의 뉴스 보도 이후 기금 모금을 위한 거대 콘서트가 열렸다. 몇 년 전 영국의 록밴드 퀸을 주제로 한 영화 〈보헤미안 랩소디〉를 통해 많은 이들에게 친숙해진 '라이브 에이드*Live Aid*' 콘서트도 에티오피아 기근으로 죽어가는 사람들을 위한 모금 행사였다. 당시 세계에서 가장 유명한 밴드 및 가수들이

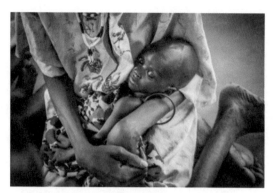

월드비전 캐나다에서 기금 모금 캠페인에 쓰인 사진,
남수단의 한 어머니와 영양실조에 걸린 자녀

참석하고 전 세계가 열광한 이 공연은 1억 2,700만 달러, 오늘날 가치로 환산하면 약 4억 달러의 기금을 모았다. 굶어 죽어가는 사람을 살린다는 인류애적 명분으로 한 이 일은 미디어의 힘을 빌려 엄청난 반향을 일으켰다. 그러나 선한 의도로 미디어를 활용했다고 해서 그 결과가 반드시 긍정적인 것만은 아니다.

　미디어는 일반 대중을 상대로 단순화한 메시지를 전달한다. 단순화된 메시지는 논리적 전달보다는 감정적 호소에 더 적합하다. 뼈에 얇은 가죽만 올린 듯 부서질 것처럼 마르고 배만 볼록 나온, 그리고 아이들의 눈과 코와 입 주변으로 끊임없이 파리가 앉았다 날아가는 이미지, 이들은 대부분 아프리카인들이다.

이런 강력한 이미지는 우리의 가슴을 아프게 한다. 그래서 NGO 단체들의 모금 활동에 효과적으로 활용된다. 빈곤 포르노의 대표적인 예이다. 빈곤 포르노는 빈곤 상태에 처한 사람들을 절망적이고 수동적인 대상으로 묘사해 관음증적인 관심을 끌어내기 위해 만들어진 최악의 이미지이다.[18]

빈곤과 동일시되는
아프리카

★   우리는 빈곤을 고통 심지어 부끄러움으로 여기는 시
대에 살고 있다. 하지만 빈곤이 처음부터 부끄럽고 고통스러
운 일로 여겨졌던 것은 아니다. 영국과 미국의 문화사를 연
구하는 카렌 할투넨은 1995년에 쓴 '영미 문화에서 인도주의
와 고통의 포르노그라피*Humanitarianism and the pornography of pain in
Anglo-American culture*'라는 글에서 우리가 객관적이며 절대적인
감각이라고 여기는 신체적 고통은 사실 시간과 공간 그리고
문화에 따라 변하는 주관적 대상이라고 설명한다.

기독교적으로 엄숙했던 중세 시대에 유럽인들은 신체의
고통을 신이 자신들을 위해 치렀던 고통의 맥락으로 해석했

다. 따라서 고통은 신이 경험한 것을 느끼는 기회, 용서를 받을 수 있는 기회, 새로운 탄생 혹은 자연의 일부로 여겼다. 빈곤 역시 마찬가지다. 18세기까지 가난과 빈곤은 유럽인 모두가 공유하는 것이었다.

신체적 고통을 멀리해야 할 부정적인 것으로 보는 시각은 18세기 이후의 현상이다. 모두가 가난하고 모두가 신체적 고통에서 자유로울 수 없었던 시대가 끝나고, 식민 지배와 노예 제도에서 축적된 부 덕분에 일부 사람들은 다른 사람들보다 부유해지고 배고픔을 걱정하지 않게 되었다. 동시에 마취 기술의 개발로 신체적 고통을 피할 수 있는 방법이 생겼다. 이때부터 다른 사람이나 동물의 고통을 느끼는 연민의 감정은 '문명화'되고 부유한 상류층의 상징이 되었다.

또한 이러한 집단적 감정을 바탕으로 스스로 상류층임을 감정적으로 확인할 수 있는 기회, 즉 연민을 자아내는 고통의 이미지들이 인기를 끌며 유통되기 시작했다. 더 많은 연민의 감정을 표현할 수 있는 더 자극적이고 더 감정적인 이미지, 이것이 고통의 포르노그라피의 시작이었고, 이 고통의 대표적인 것이 다른 이들의 빈곤이었다. 다른 사람의 고통에 느끼는 연민은 그들과 나를 연결하고 나의 도덕성을 고양시키는 듯한 기분을 주지만 사실 이 감정은 '달콤한 고통Delicious Agony'으로, 나는 고통을 겪고 있는 저들과는 다른 기분 좋은 환경에 있다는 비밀스러운 비교에 근간을 두고 있다.[19] 이 비교는 그들과 나를 연결하는 것이 아니라 오히려 고통을 느끼는 그들과 운이 좋은 나의 거리를 더 굳건하게 만든다.

빈곤 포르노는 아프리카 사람들을 절망적인 희생자, 독립적으로 살아갈 능력이 없어 외부에서 도와주어야 하는 수동적인 대상으로 묘사한다. 빈곤 포르노의 자극적인 이미지와 개인의 일화에 바탕을 둔 내러티브는 아프리카에서 벌어지는 빈곤의 문제가 사실은 역사적이고 구조적 불평등이라는 사실을 간과한 채 나의 돈 몇 푼으로 해결할 수 있는 개인의 문제로 단순화한다. 이러한 이미지는 아프리카의 다양한 삶을 상상할 여지를 말살하고 아프리카를 빈곤의 동의어로 끌어내린다.

빈곤 포르노가
낳은 폐해

★　　　1985년 유엔 식량농업기구는 에티오피아 기근이 어떻게 묘사되었는지를 조사했다. 이 연구를 바탕으로 빈곤 포르노의 부정적인 영향을 방지하기 위해 유럽 NGO 단체들을 중심으로 '아프리카의 이미지 프로젝트*Images of Africa Project*'가 시작되었다.

먼저, 재난의 상황에 처한 아프리카의 이미지를 담을 때 지켜야 할 행동강령이 만들어졌다.[20] 그리고 캐나다를 비롯한 유럽 밖에 위치한 원조 공여국에서도 기금 모금을 위해 이미지를 활용하는 것에 대한 윤리적 행동 지침을 만들었다. 그러나 다양한 NGO 단체들이 경쟁적으로 자금을 확보해야 살아남을 수 있는 상황에서 윤리적 행동 지침이 제대로 실천되기란 쉽지 않다. 또한 이러한 자극적인 이미지는 오랫동안 무의식에 머물러있다. 마치 내 동생의 머릿속에 떠오른 콩 한 조각을 나누어 먹는 에티오피아 식당처럼 말이다.

기금 모금을 위한 대규모 콘서트 라이브 에이드가 열렸던 영국에서 콘서트가 열린 지 10년 이상이 흐른 후 '라이브 에이드가 남긴 것*Live Aid Legacy*'이라는 이름으로 연구를 진행했다. 연구 결과 영국인의 80%가 개발 도상국에 대해서는 암울한 이미지를 갖고 있으며, 원조를 제공하는 국가들은 우월하고 원조받는 국가들은 열등하다는 잘못된 시각을 갖고 있었다. 또한 '개발*development*'이라는 단어를 들으면 자동적으로 아프리카를 연상하는 것으로 나타났다.[21] 아프리카인이나 아프리카인의 후손들이 많이 살지 않는 우리나라에서는 크게 느껴지지 않지만 미국처럼 인종적 흑인이 많은 나라에서는 이러한 이미지가 아프리카계 미국인들의 자아에도 부정적인 영향을 미친다는 연구 결과도 있다.

우리나라 역시 기금 모금을 위한 빈곤 포르노가 선정적이고 자극적이기도 하지만 아프리카 사람들을 무기력한 수동적 대상으로 묘사해 아프리카에 대한 암울한 이미지를 제공한다는 연구 결과가 있다. 아프리카를 방문한 경험이 있는 사람들은 아프리카의 잠재성을 떠올리지만, 아프리카를 기금

1994년 케빈 카터에게 퓰리처상을 안겨준 사진

모금이나 뉴스 미디어의 영상 매체로만 접한 사람들은 아프리카를 더 암울하게 떠올린다고 한다.[22]

특히 논쟁이 된 포토 저널리즘의 한 이미지가 있다. 수단의 한 마을인 아요드에서 남아프리카공화국의 사진 기자 케빈 카터가 찍은 사진이다. 그의 회술에 의하면 사진을 찍을 당시의 상황은 이렇다. 수단의 대기근을 카메라에 담기 위해 마을에 간 케빈 카터는 대기근의 규모와 참혹함에 놀라 나무 아래에 망연자실 앉아있었다고 한다. 그러던 중 급식소로 기어가듯 오는 바짝 마른 여자아이와 그 아이를 지켜보는 통통한 독수리를 발견했다. 그는 좀 더 드라마틱한 이미지를 위해 독수리가 날개를 펴기를 기다렸지만 독수리는 날개를 펴지 않았고, 사진을 찍은 후 그는 독수리를 쫓고 다시 나무로 돌아가 울었다고 한다.

이 충격적인 이미지는 그에게 1994년 퓰리처상을 안겨주었고, 사진은 수단 기근을 위한 기금 모금의 촉매제가 되었다. 하지만 이 사진이 유명해진 이유는 사진 기자의 윤리적 역할에 관한 논쟁 때문이었다. 이 아이에게 카메라를 들이대는 것이 윤리적인지 아니면 당장 아이를 들어 급식소로 옮겨주는 것이 윤리적인지에 관한 논쟁이다.[23] 그는 아이를 옮겨주지 않았고, 이후 아이가 살았는지 죽었는지도 알 수 없다. 사진을 찍은 케빈 카터는 남아프리카공화국에 돌아가서도 그와 비슷한 참혹한 현장 사진을 촬영했다. 그는 우울증을 자주 겪었으며, 결국 몇 년 후 스스로 목숨을 끊었다. 빈곤 포르노의 또 다른 부작용이다.

그래도 이렇게 모은 돈으로 굶어 죽어가는 에티오피아 사람들을 살리지 않았는가? 이러한 이미지가 모금 활동에는 효과적이므로 필요악이라고 여기는 사람이 많다. 그렇다면 정작 에티오피아의 현실은 어땠을까?

에티오피아 기근은 가뭄으로 많은 사람이 죽어간다고 묘사되었다. 가뭄이 있었던 것은 사실이다. 하지만 이 기근은 상당 부분 인간이 초래한 재해였다. 기근은 에티오피아 북부에서 일어났는데 이 지역은 오랫동안 독립을 요구하던 곳으로 에티오피아 중앙 정부는 이 지역으로 통하는 곡물의 공급망을 봉쇄하는 내전 전술을 오랫동안 지속해 왔다.

이런 상황에서 국제적으로 모금된 기금의 상당 부분이 당시 이 지역을 포함한 유일한 합법적 정부인 에티오피아 정부로 들어갔다. 이 새로운 재정 자원은 되려 에티오피아 중앙 정부의 군사력을 강화하고 군대를 키우는 데 활용되었다. 아이러니하게도 기근에 고통받는 사람들을 돕기 위한 모금이 독립을 원하는 이들의 상황을 더 불리하게 만든 것이다. 10여 년 후 결국 이 지역은 30년간 지속된 에티오피아와의 오랜 전쟁 끝에 '에리트레아'라는 새로운 국가로 독립했다.

아프리카를 바라보는
시각의 변화

★   우리나라가 세계 다양한 지역의 미디어 환경에 관심
갖게 된 것은 비교적 최근이다. 그 관심은 아이러니하게도 한
류의 세계적 확산이 원인이 되었다. 1990년대 접어들어 아시아
를 시작으로 한류가 확산되었고, 이는 한류를 소비하는 국가
의 소비자 및 미디어 환경에 관한 연구로 연결되었다. 연구는
한류 바람이 불기 시작한 아시아를 비롯해 유럽과 북미, 아랍
과 라틴 아메리카로 확산되었다. 그러나 아프리카에 대한 연
구는 상대적으로 미흡하다.[24] 여기에는 다양한 이유가 있다.
직접적으로는 한국과 아프리카에 위치한 국가들 간에 문화
적·역사적 교류가 많지 않다는 점이다.

교류가 드문 지역, 직접 경험해 보지 못한 지역에 대한 정보는 대부분 뉴스 및 미디어에 의존해 습득한다. 그러나 특정 지역에 대해 부정적인 정보만 제공받는다면 이 지역에 거주하는 사람들을 낮은 존재로 여기게 되고, 이는 그 지역에 대한 관심을 차단할 뿐 아니라 그들에게 배울 것이 없다는 메시지를 받게 된다.[25] 결국 우리의 공감 능력, 외부의 다양한 문화를 습득함으로써 우리 문화를 더 다채롭고 깊이 성장할 기회를 막는다는 점에서 이는 손실이며 불행이다.

이런 고민을 하는 나에게 경기대학교 전온리 교수는 '문제 중심의 접근에서 강점 중심의 접근으로' 아프리카를 바라보는 시각을 전환해 보라고 제안해 주었다. 아프리카 사람을 고통스럽게 하는 문제에 초점을 갖고 아프리카를 바라볼 경우 아프리카의 부정적인 이미지가 부각되고, 결국 문제 의식을 느끼는 외부자가 이를 외부의 시선으로 고치려는 데 국제 개발 협력의 인력과 자원이 사용된다는 것이다. 문제 중심 접근의 대표적인 것이 '빈곤 포르노'이다.

반면 문제에서 눈을 돌려 '강점'이라는 렌즈로 아프리카를 바라보는 경우 우리가 볼 수 있는 이미지는 확연히 달라진다. 아프리카의 엄청난 예술적 자산, 젊고 역동적인 사회, 손님을 친절하게 맞아주는 문화, 당신이 있기에 내가 있다는 공동체 의식 '우분투', 비옥한 땅과 풍부한 지하 자원, 아름다운 풍경과 엄숙하기까지 한 하늘과 땅 그리고 온갖 역사적 역경을 겪고도 끈질기게 버티고 있는 아프리카 사람들의 회복력. 최근 국제 개발 협력에서 국제 기구나 시민 사회의 미래 지향적인 일부가 이러한 시각과 접근의 전환을 추진하고 있다. 국제 개발 협력뿐 아니라 미디어 종사자 그리고 이제 소셜 미디어를 통해 콘텐츠 제작자가 된 우리 또한 새로운 방향으로 아프리카를 볼 수 있다. 이러한 관점이 공유될 때 아프리카 국가들의 강점은 더 커지고 그들이 스스로 해결하지 못한 문제를 극복하게 할 수 있는 힘이 될 것이다.

내가 지속적으로 관심 갖고 있는 연구 중 하나는 아프리카 대륙에서 한국 영상물을 보는 시청자에 관한 것이다. 아프리카의 많은 국가에서 한국 드라마와 영화, 리얼리티 쇼를 즐겨 보는 시청자들이 늘어나고 있다. 이들은 한국 영상물을 재미있게 본 경험에서 더 나아가 한국의 근대사에 대해 궁금해 하고 이를 웹을 통해 검색한다. 그러면서 한국도 아프리카의 국가들처럼 식민 경험을 겪었고, 냉전 시대 강대국의 갈등 관계를 대신해 동존상잔의 비극을 겪었지만 이후 어두운 독재 정권의 탄압을 이겨내고 이제는 경제 성장뿐 아니라 민주주의 그리고 근사한 문화 산업을 발전시켰다는 것을 알게 된다. 그리고 과거 식민 시절을 겪었던 역사적 동료로서 한국을 자랑스러워한다.

아프리카 가장 남쪽에 있는 남아프리카공화국에서 진행한 연구가 눈길을 끈다. 불과 몇 년 전만 해도 한국에서 무엇을 하고 싶냐는 질문에 '궁궐을 방문하고 싶다', '한국 음식을 먹어보고 싶다' 등의 답변이 다수였다. 그러나 2022년 남아프리카공화국 현지에서 같은 질문을 했을 때 '남산타워를 방문하고 싶다', '일산 꽃축제에 가보고 싶다', '순두부찌개를 먹어보고 싶다' 등 한국에 대한 지식과 욕구가 훨씬 구체화되고 있었다.

이들이 한국을 방문하고 한국 사람과 교류하고 싶어 하면 나는 가끔 걱정된다. 이들은 식민 시절을 겪은 동료로서 우리에게 연대감을 느끼고 우리를 자랑스러워한다. 이들은 그저 한국을 오고 싶은 게 아니라 구체적인 계획을 갖고 있다. 그에 반해 우리는 이들을 '아프리카 사람' 혹은 '흑인'이라고 통 쳐서 생각하고 이야기하고 있지는 않은가? 우리가 상상하는 아프리카는 기금 모금 영상에서 본 연민을 자아내는 이미지 외에 무엇이 있고, 그들에 대해 무엇을 알고 싶은가? 우리는 심지어 이들의 빈곤과 고통의 이미지를 접하면서 저급한 우월감 혹은 달콤한 고통을 느끼고 있지 않은가?

7장

양국 언론에 비친 한국과 튀르키예

Global Media Literacy for Global Citizen

오종진(한국외국어대학교 튀르키예·아제르바이잔어과 교수)

튀르키예는 경제 규모가 크고 성장 잠재력이 높은 국가로 중동, 카프카스, 중앙아시아 지역의 맹주로 여겨진다. 더욱이 튀르키예는 역사와 문화, 민족적인 측면에서 카프카스와 중앙아시아 지역 내 '튀르크 문화권' 국가들의 구심점 역할을 하고 있으며, 중동을 비롯한 다른 이슬람권 지역에서는 이슬람 문화권의 핵심 국가로 자리매김하고 있다. 다시 말해 튀르키예는 정치·경제적인 측면에서 유럽권역으로도 분류할 수 있지만, 튀르키예-카프카스-중앙아시아를 잇는 독자적인 튀르크 문화권과 튀르키예-중동-북부 아프리카를 잇는 이슬람 문화권을 형성하는 주축 국가라고 할 수 있다.

튀르키예의 사회와 문화는 기독교 중심의 유럽과는 매우 상이하다. 또한 상거래 관습이나 경제 제도, 문화 코드도 서구의 그것과는 매우 다르다. 따라서 튀르키예를 유럽이나 아시아라는 지역적 접근으로만 본다면 튀르키예 사회와 문화, 미디어 산업과 언론을 파악하고 분석하는 데 한계가 있다. 튀르키예는 실크로드의 종착지로서 오랫동안 이슬람과 중동·중앙아시아의 문화와 제도에 많은 영향력을 끼쳤다. 따라서 튀르키예의 정확한 사회·문화적 특징과 미디어·언론의 특성을 파악하려면 튀르키예의 정치·경제· 사회적 뿌리라고 할 수 있는 이슬람 문화권이나 중동·중 앙아시아에 대한 이해가 필요하다. 공화국 설립 초기부터 계속된 튀르키예의 외교·정책적 목표로 인해 여러 제도가 유럽 지향적인 개혁으로 평가될 수 있지만 여전히 튀르키 예의 문화나 사상, 나아가 언론은 이슬람과 중동·중앙아시 아 지역과의 유사성을 갖고 있다.

실제로 현대에 들어서 튀르키예는 중앙아시아 및 중동의 정치·경제적 '롤모델'로 여겨지고 있으며, 튀르키예 또한 해당 지역에 자국의 영향력을 확대하려는 노력을 기울이 고 있다. 유니레버*Unilver*, 피앤지*P&G*, 코카콜라*Coca Cola*, 버거킹*Burger King* 등과 같은 서구의 다국적 기업들이 튀르 키예를 통해 중앙아시아 지역에 진출해 있고 각 회사의 지 역 거점도 이스탄불에 상주시키고 있다. CNN Turk, CNBC Turk, Fox Tv Turkey, BBC Turkey과 같은 다국적 미디어 산업과 언론 역시 튀르키예를 거점으로 인근 지역 진출과 영향력 확대에 심혈을 기울였다. 따라서 튀르키예의 미디 어 산업과 언론의 특징을 이해한다면 튀르키예는 물론, 유 사 문화권 지역과의 이해와 협력에 시너지 효과가 있으리라 생각된다.

튀르키예 미디어와 언론에 나타난 한국 관련 보도의 특징과 이를 통해 형성된 이미지를 이해하려면 튀르키예 미디어 산업과 언론에 대한 특징을 이해할 필요가 있다. 그 이유는 튀르키예의 미디어 산업과 언론이 한국과 매우 상이하기 때문이다. 따라서 오스만 제국 시기부터 이어진 튀르키예의 미디어 산업과 저널리즘의 특징을 살펴보는 것은 한국 관련 보도뿐 아니라 튀르키예의 전반적인 미디어 환경을 이해하는 데 도움이 되리라 판단된다. 이 장에서는 튀르키예 미디어 산업의 변화를 알아본 후 한국과 튀르키예 미디어에서 양국 관련 정보가 어떻게 보도되었는지 살펴보고자 한다.

근대 국가 건설에
공헌한 언론

★   18세기 튀르키예 언론은 오스만 제국의 서구화와 함께 발전했다고 볼 수 있다. 이 시기 튀르키예 언론은 신문과 잡지를 중심으로 서구 유럽의 다양한 사상과 문화를 튀르키예에 소개하는 역할을 했으며, 나아가 튀르키예 민족주의 고취와 국민 계몽에 앞장섰다.

19세기 오스만 제국 시기 알리 수아비가 런던에서 발행한 〈무하비르〉 신문과 파리에서 나믁 케말과 지야 파샤가 발간한 〈휘리예트〉 신문은 튀르키예 언론과 미디어 산업에 큰 초석을 만들었다고 할 수 있다.

엘리트층 중심으로 소비되는 튀르키예의 언론과 여론

★   튀르키예 언론들은 자유로운 유럽 지역에서 오스만 제국이 나아가야 할 방향과 개혁 그리고 신문물과 사상을 날카롭게 분석하며 이를 튀르키예 사회 내로 빠르게 전달하고자 했다. 이러한 언론의 역할로 오스만 제국은 튀르키예 민족이 중심이 되는 세속주의적 근대 국가를 건설할 수 있었다. 언론을 통해 유입된 민족주의, 자유주의, 낭만주의 등의 사상은 튀르키예가 다른 이슬람 국가와는 달리 현대적 국가로 쁘르게 전환할 수 있는 근간을 마련해 주었다. 그러나 이같은 변화와 언론의 역할은 주로 지식인과 엘리트를 중심으로 이루어졌기 때문에 튀르키예에서 여론의 확산은 어느 정도 한계가 있었다.

오스만 제국의 이러한 언론 풍조는 튀르키예 공화국 시기에도 계속되었다. 즉 튀르키예의 여론은 지식인층과 엘리트층 중심으로 형성되었으며, 사회 문제의 공론화 역시 이들이 주축을 이루었다. 이러한 튀르키예 사회의 특징은 고스란히 튀르키예 언론에도 영향을 주었다. 주요 일간지가 전체 인쇄 매체 미디어의 88% 정도를 차지할 정도로 비중이 높음에도 국민의 낮은 독서율과 신문 구독률로 인해 튀르키예 신문의 파급력과 영향력은 한계를 보여주었다.

1990년대, 자유화와 민영화로 미디어 산업 분야 확대

★   1990년대 초 튀르키예 언론과 미디어 산업의 자유화와 민영화는 튀르키예 언론과 미디어 산업을 급속히 팽창시켰다. 비교적 자유로운 언론사 설립과 방송국 설립 규정으로 민간 기업과 단체 그리고 기관들이 독자적인 언론사와 미디어 기업을 설립하고 다양한 매체를 확대시켰다. 현재 튀르키예에는 약 6,800개의 일간지와 잡지, 263개의 TV 채널, 1,058개의 라디오 채널이 있다. 이 같은 매체 중 대략 65% 정도가 지방 미디어 매체이고, 나머지가 전국구 매체이다.

1990년대 자유로운 언론사 설립과 여러 미디어 기업의 출현은 튀르키예 언론과 미디어 산업의 다양성을 확대시켰다. 그러나 이러한 언론과 미디어 기업들이 각기 다른 정치, 경제, 사회, 종교적 집단에 의해 운영되고 있는 만큼 각 집단의 이해관계가 중심이 되는 편중된 보도가 많다. 따라서 신중한 미디어 분석과 해당 사안에 대한 다양한 접근이 필요하다. 게다가 튀르키예의 자유롭고 폭넓은 광고 시장 또한 튀르키예의 언론과 미디어 산업의 확산을 도모하고 있다. 일례로 튀르키예의 신문 광고와 미디어 광고는 기업뿐 아니라 개인도 참여하고 있어 지속적인 성장세를 보이고 있다.

100년의 역사를 자랑하는 튀르키예의 대표적인 통신사

인 '아나돌루 아잔스'는 발칸, 아랍·중동 지역, 카프카스 지역, 중앙아시아 지역에서 가장 영향력 있는 통신사로 성장했으며, 튀르키예를 비롯한 주변 지역에서 가장 활발한 활동을 하는 공신력 있는 통신사로 평가받고 있다. 그러나 튀르키예는 인쇄 매체보다는 영상 매체의 영향력과 대중성이 더 크다. 특히 TV는 튀르키예의 대표적인 전통 영상 매체로 경제성과 영향력, 지역적 범위 면에서 인쇄 매체를 크게 앞서고 있다.

튀르키예의 방송은 1925년 라디오 방송 관계법이 제정되고 1927년 최초로 라디오 방송이 실시되면서 시작되었다. 그리고 1963년 TRT*Turkish Radio and Television Corporation*(국영 튀르키예 라디오 텔레비전 공사)가 설립되어 1968년 최초로 텔레비전 방송이 시작되었다. 국영 방송인 TRT는 1982년 7월 컬러 텔레비전 방영을 개시했고 현재 튀르키예에는 TRT를 비롯한 다양한 민영 방송사가 있다. 튀르키예의 방송위원회라고 할 수 있는 RTÜK*Radyo ve Televizyon Üst Kurulu*이 1994년 방송법 (RTÜK법)과 함께 설립되어 튀르키예의 영상 매체 발전을 주도하고 있다. 이로써 튀르키예는 본격적인 민영 방송 매체 시대를 맞이해 다양한 TV 채널과 라디오가 발전했다.

다국적 미디어 그룹이 쉽게 자리 잡을 수 있는
튀르키예의 방송 분야

★   튀르키예의 언론과 미디어 산업은 외국 자본에도 개방적인 태도를 취했다. 그 결과 다양한 외국 자본이 튀르키예의 주류 언론과 미디어 그룹에 자리 잡았는데, 타임 워너*Times Warner*, 뉴스 코퍼레이션*News Corp.*, 알자지라*Al-Jazeera*, GB 타임스*GB Times*와 같은 거대 다국적 미디어 그룹은 튀르키예에 대규모로 투자 진출했고, CNN Turk, Fox TV News Turkey, 튀르키예 CNBC News는 튀르키예의 주요 언론으로 자리 잡으면서 튀르키예뿐 아니라 주변 지역에도 지대한 영향력을 행사하고 있다. 현재 튀르키예의 언론과 방송 미디어 산업은 외국의 다국적 기업과 튀르키예의 거대 기업이 운영하고 있다.

비약적으로 발전하는 민영 미디어 산업을 견제하기 위해 튀르키예 국영 방송인 TRT도 새롭고 다양한 채널을 늘려가며 영향력 확보에 심혈을 기울이고 있다. 위성을 통한 HD 방송도 시작했는데 디지투르크*DigiTurk*라는 업체를 통해 급속한 발전을 이룩했다. 현재 디지투르크 위성 방송 가입자는 대략 500만 가구로 사업 영역도 유럽과 미주 그리고 아제르바이잔으로까지 확대하고 있다.

튀르키예는 난시청 지역 문제를 위성 방송을 통해 해결하려 하고 있으며, 아울러 인접 주변국(유럽, 중동, 중앙아시아, 북부 아프리카)의 자국민들이나 현지인들에게 영향력을 확대하기 위해 위성을 통한 미디어 송출 또한 적극 추진하고 있다. 튀르키예의 위성 방송은 한국에 비해 보급률과 시청률이 높다고 할 수 있다.

이슬람 문화권에서 한류만큼 영향력이 큰 터류

★   한국의 한류처럼 유럽, 중동, 중앙아시아, 북부 아프리카를 중심으로 하는 터류*Turkish Wave*가 오래전부터 각광받고 있다. 튀르키예는 주변 인접 국가보다 경쟁력 있는 다수의 미디어 콘텐츠를 갖고 영향력을 확대해 왔고, 특히 위성 방송을 통한 송출은 튀르키예의 미디어 콘텐츠를 보급하는 주요 통로 역할을 하고 있다. 이를 통해 튀르키예는 100편의 다양한 드라마와 시리즈물을 제작해 인접국에 수출하고 있다. 2011년 기준 튀르키예의 드라마-시리즈물 수출 실적은 6,000만 달러 수준이다.

튀르키예 언론과
미디어 시장의 특징

★   튀르키예의 미디어 산업은 1980년대까지 신문이 주도했다고 할 수 있다. 그러나 기술의 발전과 매체 환경의 변화로 방송 미디어가 빠르게 발전했다. 특히 1990년 튀르키예 최초로 민영 방송사가 설립, 상업 방송이 시작되면서 튀르키예의 방송 미디어 산업은 비약적인 발전을 이루었다.

그러나 충분한 준비 없이 시작된 민영 방송으로 방송사들이 우후죽순으로 생겨났고, 이들 간의 무한 경쟁으로 수많은 외국 콘텐츠들이 선별 없이 튀르키예로 들어와 방송 환경은 혼탁한 지경에 이르렀다. 이와 같은 방송 미디어 환경은 2001년까지 지속되었으나 2002년 경제 및 외환 위기에 처해 국제통화기금*IMF* 구제 금융을 받으면서 경쟁력 없는 여러 언론사와 방송사들은 구조 조정을 통해 폐업되거나 합병되었다. 이에 따라 튀르키예 미디어 산업 분야에 대량 해고와 실업이 초래되었고 이때를 틈타 외국계 기업들은 튀르키예 언론과 미디어 산업을 인수하기 시작했다. 튀르키예의 미디어 산업은 튀르키예와 외국계 미디어 기업의 협력이나 합작 또는 합병으로 큰 구조적 변화를 겪었다.

그후 2011년 개정된 방송법으로 외국인의 언론·방송 서비스 소유 등에 대한 기존의 규제가 대폭 완화되면서 튀르키예 방송 시장은 한 번 더 외국계 대형 미디어 기업의 진출이 활발히 이루어졌다. 오늘날 튀르키예의 거대 미디어 그룹은 대부분 외국 자본이 투입된 합작 미디어 기업이 차지하고 있다.

과반수 이상의 시청률을 차지하는 상위 10개 채널

★　　현재 튀르키예에는 다양한 민영 및 국영 방송 채널들이 있음에도 상위 선호 채널 10개 정도가 1.5%에서 11%의 채널 점유율을 보이며 전체 채널 50% 이상의 시청률을 차지하고 있다.◪ 5% 이상의 상위 선호 채널들 대부분은 민영 방송이며, 2013년과 2022년의 시청 점유율을 비교해 보면 시청률의 전체적인 트렌드는 큰 변화 없이 매우 유사한 경향을 보이고 있다.

상업 방송이 전반적인 튀르키예 미디어 산업을 주도한다고 할 수 있지만 최근 들어 변화가 나타나고 있다. 이는 현 정부의 언론 통제에 따른 전통 미디어 산업의 침체와도 연관이 있다고 판단된다. 그 결과 많은 젊은 세대들이 뉴 미디어로 관심을 돌린 상태이며 뉴 미디어를 통해 뉴스와 문화를 소비하고 있다. 젊은 층이 이탈하자 전통 미디어 분야에서는 아이러니하게 TRT가 약진하고, 특정 계층이나 집단을 겨냥한 채널의 경우 시청률은 물론 대중성이 매우 떨어지고 있다.

◪　2022년 시청 점유율 상위 1위부터 10위까지 차지하고 있는 채널은 ATV, TV 8, Show TV, Fox TV, Kanal D, Star TV, TRT 1, Kanal 7, TRT Çocuk, TRT Haber 순이다.

유력 언론사가 여론을 장악하고 있는 신문 시장

★　　현재 튀르키예에는 총 2,164개의 신문이 발행되고 있다.[26] 그렇지만 주요 전국지 몇 개가 구독률의 81%를 차지하고 있어 유력 언론사 10여 개가 전국 여론을 주도하고 있다고 볼 수 있다. 다시 말해 신문 종류와 수에 비해 영향력 있는 신문은 10여 개 정도라는 의미이다. 전국지 발행 규모는 약 170만 부수 수준이며 지방지의 경우 36만 부수 정도이다.

튀르키예 신문 또한 방송처럼 다양한 이익 집단과 압력 단체, 기업들이 소유하고 있어 보도 스펙트럼이 매우 넓다. 특히 튀르키예 신문은 사주 집단이나 단체들의 관점과 견해가 반영되는 보도가 많아 언론 보도에 대한 보편성과 신뢰성 검토를 위해서는 주요 신문사들의 기사를 종합적으로 분석할 필요가 있다. 이를 위해 전체 신문 구독률의 81%를 차지하는 주요 10개 신문사를 중심으로 튀르키예 언론을 분석할 필요가 있다.

튀르키예의 주요 일간지 6개🗘의 성향을 보면 다음과 같다. 〈줌후리예트*Cumhuriyet*〉 신문과 〈쇠즈쥐*Sözcü*〉 신문은 진보적

🗘　영국의 로이터 저널리즘 연구소가 발표한 '2021 디지털 뉴스리포터' 기준 영향력 있는 튀르키예의 주요 일간지 여섯 개는 Cumhuriyet, Sözcü, Hürriye, Hürriyet, Milliyet, Yeni Şafak, Yeni Akit이다.

성향이고, 〈휘리예트*Hürriyet*〉 신문과 〈밀리예트*Milliyet*〉 신문은 중도적인 성향, 〈예니 샤팍*Yeni Şafak*〉 신문과 〈예니 아키트*Yeni Akit*〉 신문은 보수적인 성향이다. 튀르키예에서의 진보와 보수의 구분은 종교적 요소를 기준으로 구분하는데 진보적인 성향은 케말리즘*Kemalism*을 중심으로 한 세속적인 경향을, 보수적인 성향은 이슬람적 가치와 사상을 대변한다.

결론적으로 튀르키예에서의 유의미한 여론과 트렌드 분석을 위해서는 튀르키예의 주요 일간지 각각의 성향을 통해 구분하고, 관련 보도를 종합적으로 검토하고 분석해야 한다. 이러한 방법으로 튀르키예 주요 신문의 성향을 구분하는 것은 여론과 언론 분석의 중요한 척도로 활용될 수 있다. 튀르키예의 미디어와 언론에 나타나는 한국 관련 보도 또한 이러한 점을 고려해 분석해야 한다.

튀르키예 미디어에
나타난 한국

★   튀르키예에서 한국은 한국전쟁 또는 삼성, 현대자동
차 같은 한국 주요 기업으로 기억된다. 종종 형제의 나라로
회자되기도 한다. 국제 사회에서 튀르키예는 한국을 항상 지
원하며 한국의 주요 우호 세력으로 자리매김하고 있다. 이처
럼 한국은 튀르키예에서 정치, 경제, 사회문화적 모든 측면
에서 우호적이며 친근한 이미지를 갖고 있다. 그러나 양국은
지리적으로 멀고 당면한 현안에서도 큰 차이를 보이고 있기
에 상대국에 대한 최근 보도 빈도와 내용은 매우 빈약한 상
황이다.

튀르키예와 한국은 아쉽게도 외신을 중심으로 상대국의

최근 근황을 보도하는 정도이다. 양국에서 상호 파견된 방송인과 기자는 매우 제한적이고, 방송사와 신문사가 파견한 언론인 또한 전무한 실정이며, 양국의 통신사라고 할 수 있는 한국의 연합통신과 튀르키예의 아나돌루 통신사만이 각각 한 명의 기자를 파견한 상황이다. 튀르키예는 한 명의 통신사 기자마저도 최근 튀르키예로 소환한 상황이어서 한국에 파견된 튀르키예 언론인은 없다고 볼 수 있다. 이와 같은 상황에서 한국에 대한 튀르키예 내 보도는 매우 제한적이며 외신에 의존할 수밖에 없다.

튀르키예는 한국과 지리적 거리도 있긴 하지만 비중을 두는 국제적 현안이 중동과 유럽에서 발생하고 있는 문제들이다. 이 지역에서 중추적 역할을 하고 있기에 한국에 대한 현안과 기사들은 튀르키예 관점에서는 매우 후순위에 있다. 그렇지만 튀르키예의 주요 신문사 보도를 보면 한국 관련 뉴스 심심치 않게 나오고 있다.

2019년부터 2022년까지 튀르키예의 6개 주요 신문의 한국 관련 기사를 검색해 보면 약 1,597개가 나온다. 흥미로운 점은 보수 성향의 신문보다 중도와 진보 성향의 신문에서 한국 관련 기사가 더 많이 보도했다는 사실이다. 이는 이슬람 성향의 튀르키예인들이 중도와 세속주의적인 진보 세력들보다 국제 문제에 관심이 적다는 반증이기도 하다.

튀르키예 주요 일간지의 한국 관련 기사는 북한 관련 내용과 한류 관련 내용이 많이 보도되었다. 총 874개 기사 중 북한 관련 기사가 327개로 가장 큰 부분을 차지했다. 한국전쟁과 참전 용사 관련 기사, 한국 외교와 국제 정치 분야 중 북한과 간접적으로나마 연관된 기사들까지 포함한다면 대략 40% 이상을 차지하고 있다.

다음으로 많은 한국 관련 기사는 한류와 연관된 사회와 문화 분야의 기사이다. 넷플릭스의 〈오징어게임〉을 필두로 하는 한국 관련 콘텐츠와 K-POP에 대한 관심이 2021년부터 크게 증대되면서 대중 문화와 연예 관련 기사, 한국 콘텐츠 기사가 약 198개로 전체 기사의 11% 정도를 차지했다. 2021년에 특히 주목할 만한 사항은 한국의 사회 문제를 다룬 〈오징어게임〉이 튀르키예에서도 크게 관심을 받으면서 한국 사회에 대한 관심이 높아져 한국 사회와 사회 문제를 다룬 기사가 주요 6개 일간지 모두에서 보도되었다는 것이다.

북한이나 한류와 관련된 대중 문화 기사들이 튀르키예에서 가장 관심이 높은 분야라고 할 수 있지만, 앞서 말했듯 이러한 기사들은 진보 성향이나 중도 성향의 일간지에서 더 많이 보도되었고 한국과의 방위 산업 협력이나 군 협력과 같은 기사들은 보수 성향의 신문에서 더 많이 보도되었다. 현 정부와 좀 더 가까운 보수 성향의 신문들이 튀르키예 정부

2019년 5월~2022년 4월 한국 관련 기사 보도 내용

	2021년~2022년	2020년~2021년	2019년~2020년
1	북한	북한	문화(특히 대중문화/연예)
2	문화(특히 대중문화/연예)	문화(특히 대중문화/연예)	경제
3	사회(특히 코로나19)	경제	북한
4	경제	사회(특히 일반)	사회(특히 코로나19)
5	정치	기타	정치
6	기타	정치	기타

의 관심사인 방위 산업이나 군 협력에 더 관심을 보인 것으로 판단된다.

이 두 분야 외에 경제 관련 뉴스나 코로나19 방역 관련 기사가 순위권을 차지하고 있으며, 2022년 1년간을 살펴보면 대중 문화와 스포츠 분야에서 기사량이 늘었다. 김민재 선수와 김연경 선수 같은 한국 스포츠 스타들이 튀르키예 리그에 진출하면서 이들과 관련된 스포츠 기사들이 큰 비중을 차지했다. 특히 한국과 튀르키예 간 올림픽 여자 배구 경기가 튀르키예에서도 주목을 받으면서 스포츠 관련 기사 증폭에 큰 역할을 했다. 경제 관련 기사 역시 한국 기업들의 제품 관련 소개와 함께 한국-튀르키예 간 경제 협력 기사나 스와프 협정 체결 관련 기사가 비중 있게 보도되었다.

한국 미디어에 나타난
튀르키예

★　　튀르키예 미디어에서 나타나는 한국에 대한 관심도
에 비해 한국 미디어에서의 튀르키예에 대한 관심은 상대적
으로 더 적다. 한국전쟁 참전에 따른 정서적 공감대 형성으로
형제의 나라라는 인식이 강하게 자리 잡고 있고 문화적으로
흥미를 끄는 요소가 많기는 하나 지리적 거리감이나 직접적
인 현안이 적다 보니 보도 빈도가 현저히 낮을 수밖에 없다.

　2019년부터 2022년까지 한국 주요 언론사의 총 1,074만
5,596개 국제 기사[27] 중 튀르키예 관련 기사는 2만 9,610건으
로 전체의 0.27%에 불과하다. 국제적 현안을 다루는 대다수
의 기사는 미국, 중국, 러시아(우크라이나), 북한 등과 관련한

내용에 중점이 맞추어져 있고, 중동 지역으로 한정했을 때도 걸프 지역, 시리아, 이란과 관련한 기사가 다수를 차지했다.

튀르키예 주요 일간지에서 발간된 기사 수에 비해 많아 보이는 것은 사실이나 대부분 동일한 내용에 대해 서로 모자란 부분을 보충하는 형태이고, 통신사 기사를 그대로 번역 내지는 재보도한 것에 불과했다. 사설의 경우 132건에 불과하다는 점이 이를 확연히 드러낸다. 이러한 소수의 사설조차 튀르키예를 중점으로 다룬 기사보다는 코로나19, 시리아 사태, 국제 경제 위기, 우크라이나 사태 등과 같은 주요 키워드를 중심으로 한 기사에 튀르키예 내용이 조금 포함된 경우가 다수이다.

즉 튀르키예를 전담해 기사를 작성하고 주요 내용들을 정리한 기자가 부족하다는 것이 현실이다. 양국에서 상호 파견된 방송인과 기자가 매우 제한적이기 때문에 이러한 현상이 발생한 것이다. 우리나라에서는 방송사나 신문사가 직접 파견한 언론인은 없으며 연합통신에서만 한 명의 기자를 파견한 상황이다. 연합통신 특파원조차 튀르키예 전담이기보다 중동 전반의 기사를 작성하고 있다. 이와 같은 상황에서 튀르키예 관련 보도는 다른 국제 뉴스처럼 매우 제한적이며 외신에 의존할 수밖에 없다.

한국 언론에서의 튀르키예 관련 보도는 여러 한계점을 갖

🔵 SBS · 2018.06.25. · 네이버뉴스

'30년 집권' 길 열린 터키 대통령...21세기 술탄 등장

이슬람에 강력한 통치자인 술탄에 비유해 '21세기 술탄 등극'이라는 말이 나오고 있는데 그렇다면 터키 국민들은 왜 종신 대통령과 다름없는 장기 독재의 길을 열어줬을까요? 이대욱 기자가 보도합니다. <기자> 에르도...

'현대판 술탄' 에르도안, 터키 대선 승리...장기집권 발판 KBS 2018.06.25. 네이버뉴스

터키 에르도안, 대선·총선승리...21세기 술탄 등극 브릿지경제 2018.06.25.

대선·총선승리로 '21세기 술탄' 된 터키 에르도안 대통령 서울경제 · 2018.06.25. 네이버뉴스

에르도안, 터키의 '술탄으로 등극...'최대 2030년까지 집권 가능' 톱스타뉴스 2018.06.25.

🟠 아주경제 · 2017.05.04.

[데스크 窓] '술탄의 부활'과 터키의 미래

오스만 제국이 사라지고 1923년 터키 공화국이 수립되면서 700년 동안 유지됐던 술탄 제도는 터키에서 폐지되었지만 21세기인 지금, 에르도안 터키 대통령에게 '술탄의 부활'이라는 수식어가 붙고 있다. 에르도안(63)...

🔵 연합뉴스 · 2017.04.17. · 네이버뉴스

터키 에르도안 '술탄 대통령' 등극...국민투표서 개헌안 가결(종합)

터키 '술탄 대통령' 체제로...'아타튀르크 체제' 종언(이스탄불 AFP=연합뉴스) 터키의 레제프 타이이프 에르도안 대통령은 16일 밤(현지시간) 개헌안 국민투표에서 승리했다고 선언했다(사진). 터키 선거관리위원회(YSK)에 ...

한국 언론에 나타난 튀르키예 관련 기사. 한국 언론들은 일부 주요 서구 언론이 에르도안의 장기 집권을 비꼬며 만든 말인 '21세기 술탄' 또는 '술탄'이라는 칭호를 너무나도 쉽게 차용해 사용하고 있다. 나아가 '아타튀르크 체제 종식'이라는 식의 보도는 현지 여론의 객관적 분석 또는 한국만의 분석 보도라기보다는 일부 서구 언론 보도를 그대로 인용하고 있는 사례이다.

고 있다. 대개 국제적인 이슈를 중심으로 기사가 작성되고 있기 때문에 튀르키예 내부의 문제나 한국-튀르키예 관계에 관한 기사는 비중이 매우 적다. 또한 외신 기사를 그대로 번역한 경우가 많아 한국이나 튀르키예의 입장보다는 서구 주요 국가들의 시각이 대세를 이루고 있다.

그러다 보니 한국이나 튀르키예의 지정학적 셈법이나 국익이 담기기보다는 서방이나 미국 입장에서의 시각이 강조되어 한국 내 독자들에게 영향을 끼칠 수밖에 없다. 그 결과 튀르키예에 대한 올바른 배경 지식이 없는 독자는 다소 왜곡된 시각이나 인식을 가질 수밖에 없다.

2019년 5월부터 2022년 4월까지 한국 언론 내 튀르키예 관련 기사를 검색해 보면 방송보다는 일간지 중심으로 튀르키예 관련 보도가 다루어졌다. 방송사 뉴스의 경우 전체 기사(2,592건) 중 70%에 달하는 1,802건의 기사가 튀르키예를 직접 다루기보다는 국제 사회 전반에 대한 이슈(우크라이나, 난민, 세계 경제 등)를 다루며 튀르키예가 언급되었고, 배구 선수 김연경이나 여타 축구 선수들에 대한 단편적인 경기 결과를 다루는 스포츠 뉴스(289건)에서 튀르키예가 언급되었다. 이 또한 대다수 주요 일간지 내용을 그대로 답습한 경우가 많았다. 그러므로 튀르키예 관련 기사는 일간지를 살펴보아야 한다.

그런데 일간지 경우에도 지역 일간지 및 기타 전문지는 주요 일간지 또는 경제 일간지 기사를 그대로 활용한 경우가 대다수였다. 이러한 부분을 제외하고 주요 일간지(1만 1,434건) 및 경제 일간지(1만 1,329건)에서 다룬 튀르키예 관련 보도는 총 2만 2,763건이다.

2019년 5월~2022년 4월 튀르키예 관련 기사 주요 키워드

2019년 5월부터 2022년 4월까지 한국에서 보도된 튀르키예 관련 기사 내용은 대부분 국제 정세와 관련되어있다. 주로 시리아 문제가 국제 뉴스를 장식하고 있던 시기였기 때문이다. 대개 시리아, 쿠르드, 러시아, 미국 등의 관계를 다룬 기사가 주를 이루었고 '에르도안 대통령'이라는 키워드도 등장 빈도는 높았다. 하지만 주체적인 측면보다는 객체적인 측면으로 다루어졌다. 2020~2021년에는 코로나19라는 변수가 절대적인 빈도를 보였다.

아야 소피아 성당의 모스크로의 전환 또한 세계적으로 관심을 받고 있었던 이슈다. 이는 이슬람, 모스크, 소피아라는 키워드를 합칠 경우 15%에 다다를 정도로 한국 언론에서도 중점적으로 다루었다.

2021~2022년 한국 언론은 우크라이나 전쟁이 압도적으

로 장악했고, 이와 연관된 튀르키예 관련 기사 역시 언급되었다. 우크라이나 전쟁의 중재자 역할에 대한 튀르키예의 입장을 다루는 기사였다.

그 외의 주요 기사로는 김연경 또는 김민재 등 스포츠 스타와 관련된 내용이 주를 이루었다. 김연경 관련 기사의 경우 튀르키예 산불과 한국의 모금 활동과도 연관해 김연경 선수의 소프트파워를 과시하기도 했다.

한국 언론에서 다룬 튀르키예 관련 기사는 주로 국제 정치적 이슈와 결부되어있다는 것을 알 수 있다. 시리아 사태, 역외 행위자인 러시아와 미국 관련 키워드, 이를 둘러싼 주요 국제 정치 이슈가 주를 이룬다. 튀르키예를 직접 다룬 기사는 에르도안 대통령의 개인적인 정치적 행보에 관한 부분 정도다. 즉 튀르키예 국내 정치에 대한 뉴스는 아야 소피아 성당의 모스크로의 전환, 코로나19 대응 관련 사항, 그리고 극소수의 여타 이슈 등이다. 2020~2021년 리라화 이슈가 경제 일간지를 중심으로 보도되었지만 크게 부각되진 않았다.

한국-튀르키예 관계에 관한 기사의 노출 내지는 빈도가 극도로 저조하다는 점은 매우 아쉬운 부분이다. 김연경 선수의 활동 사항과 이와 관련된 사회·문화적 이슈가 다루어지기는 했으나 이는 단편적인 내용에 불과했다. 양국 간 가장 우수한 협력 사업 중 하나로 꼽히는 2022년 3월 개통된 차낙칼레대교 합작 건설 내용은 기사 수가 총 49건밖에 되지 않았다. 키워드 분석 측면에서 살펴보았을 때도 대림건설(1.7%), 대림산업(0.9%), SK건설(0.9%), 차낙칼레대교 개통식에 참석한 김부겸 총리(0.4%) 등은 전혀 부각되지 못했다. 특히 '차낙칼레'라는 현수교의 명칭을 입력하지 않을 경우 관련 사실을 찾기도 어렵다. 결국 양국 간의 관계, 더 나아가 양국 간의 협력을 위해서는 미디어 측면에서도 더 많은 노력이 필요하다.

튀르키예와 한국 미디어의
상호 인식 향상

★   지난 200여 년 동안 발전해 온 튀르키예 언론과 미디어는 튀르키예 공화국이 들어서면서 그 역할과 영향력이 더욱 확장되었다. 튀르키예 언론은 사회의 빠른 변화와 현대화에 큰 역할을 했지만 언론과 여론은 주로 지식인층과 엘리트 중심으로 이루어져 언론의 확산에 어느 정도 한계가 있었다. 튀르키예의 주요 일간지는 전체 인쇄 미디어의 88%를 차지하고 있지만, 낮은 독서율과 신문 구독률로 인해 언론의 파급력과 영향력 면에서는 한계를 보여주고 있다.

그러나 1990년대 초 튀르키예 언론과 미디어 산업의 자유화와 민영화는 튀르키예 언론 환경을 급속하게 팽창시켰고,

그 결과 다국적 언론사와 미디어 그룹들이 빠르게 튀르키예 시장에 진입해 다양한 신문사, 언론사, 미디어 기업들을 설립했다. 하지만 튀르키예 언론을 소유한 일부 단체와 기업들은 언론을 자신들의 이익을 위한 수단으로 활용하는 경향을 보이므로 보도 내용에 대한 종합적인 검토와 비교 분석을 해야 할 필요가 있다. 즉 1990년대부터 2000년대 중반까지 튀르키예 언론과 미디어 산업은 빠르게 성장했지만 일부 압력 단체, 종교 단체, 기업들이 언론을 소유하면서 진정한 저널리즘과 공정 보도에 대한 우려가 생겨났다고 할 수 있다.

튀르키예 미디어에 나타난 한국 기사와 관련해서는 한국과 튀르키예 간의 경제 협력과 문화 교류, 그리고 대기업들이 활약하면서 이와 관련한 기사가 주를 이루고 있다. 특히 최근 한국 스포츠 스타들의 튀르키예 리그 참여로 스포츠 분야 기사들이 늘어났다. 그러나 지리적 거리와 각자 관심사가 다른 국제적 현안으로 튀르키예에서의 한국 관련 보도는 여전히 아쉬운 부분이 있으며, 양국 간의 보도는 아직 서로에 대한 깊은 이해를 반영하지 못하고 있다고 할 수 있다.

양국 간의 미디어 교류를 강화하고 상호 간 이해를 증진시키려면 서로 다른 문화와 환경에서 나온 미디어임을 인정하고, 다양한 시각을 반영하고 교류할 수 있도록 다각적으로 지원해야 한다. 그리고 특히 튀르키예와 한국, 양국에서의 향상된 미디어 보도를 실현하기 위해서는 현지에서 활동하는 언론인이나 기자 파견이 무엇보다도 중요하다. 이를 통해 서로에 대한 미디어 보도의 깊이와 다양성이 향상될 것으로 판단된다.

출 처

1   김춘식·채영길·백강희, 2021
2   김성해·김경모, 2010
3   김춘식·채영길·백강희, 2021, 219쪽
4   채영길, 2012
5   조선일보, 2016년 2월 24일 자, 최종환·김성해, 2021 재인용
6   서옥란·오창학, 2015
7   김동윤·오명원, 2015
8   이 다큐멘터리 영상은 https://www.youtube.com/watch?v=JovKkDvAU9Y에서 볼 수 있다.
9   영화에 대한 정보는 https://loznitsa.com/movie/donbass에서 찾아볼 수 있다.
10 "'노르트스트림 가스관 폭파는 미국 공작' 미 언론인의 폭로", 〈한겨레〉(2023년 2월 9일 자) https://www.hani.co.kr/arti/international/international_general/1079057.html; "'미국이 해저 가스관 터트렸다' 대기자 폭로에 조용한 美 언론", 〈연합뉴스〉(2023년 2월 11일 자) https://www.yna.co.kr/view/AKR20230211041800009
11 브라이언 마수미, 《존재권력Ontopower》, 갈무리, 2021
12 S. Bloomfield, "Ofcom Should be Looking Again at Putin's TV News Channel," The Guardian [online], 24 April. http://www.theguardian.com/commentis-free/2014/apr/24/ukraine-russia-putin-news-reporting
13 다큐멘터리 〈미국의 봄(American Spring)〉의 내용은 아래 링크를 통해 볼 수 있다. https://www.youtube.com/watch?v=1NWcc5J_ZTc
14 Deutsch, 1973
15 Bar-Tal, 1998
16 Avraham, 2009; Hassman, 2008, 52
17 Abdallah, 2022
18 Plewes & Stuart, 2007
19 Lowry Nelson, 1962
20 The Commission of the European Communities, 1988
21 Voluntary Service Overseas, 2001
22 김춘식 et al., 2015
23 Department of Communication, Seton Hall University, n.d.
24 Kim, 2018; Kim, 2020
25 Holland, 2002
26 튀르키예 통계청(TÜİK)의 '2020년 인쇄 매체 및 국제표준 도서번호 통계 기준
27 한국언론진흥재단에서 관리하는 기사 빅데이터 분석 사이트 빅카인즈(Big Kinds) 통계 기준, 전국 주요 일간지(〈조선일보〉, 〈중앙일보〉, 〈동아일보〉, 〈국민일보〉, 〈경향신문〉, 〈세계일보〉 등 11개 사), 경제 일간지(〈매일경제〉, 〈머니투데이〉 등 8개 사), 28개 지역 일간지, 지상파를 포함한 주요 방송사 5개, 기타 전문지 2개 사를 모두 포함한 개수이며, 언론사 단독 기사뿐만 아니라 〈연합뉴스〉나 〈뉴시스〉 등과 같은 국내 통신사와 AP, 로이터 등 주요 해외 통신사 기사를 번역한 결과물이다.

프롤로그. 글로벌 시대의 국제 뉴스

- 김성해·김경모 (2010). 동아시아공동체와 언론. 언론과학연구, 10권 1호, 77-123.
- 김동윤·오명원 (2015). 한일 언론과 일본군 위안부 보도 양상 및 미디어프레임 분석. 일본근대학연구, 50호, 141-170.
- 김춘식·채영길·백강희 (2021). 국내 언론의 외신인용 보도 실태 및 개선 방안 연구. 한국언론진흥재단.
- 박지훈·이진 (2012). 제3세계를 재현하는 다큐멘터리에 대한 제작자와 수용자의 시선: MBC 〈아프리카의 눈물〉을 중심으로. 방송과 커뮤니케이션, 13권 4호, 83-122.
- 서옥란·오창학 (2015). 한국 언론에 그려진 중국 이미지 연구: 『조선일보』 보도를 중심으로. 한중인문학연구, 46호, 277-303.
- 반현 (2019). 국내 언론 보도 연구: 북·러 정상회담을 중심으로. 문화기술의 융합, 5권 2호, 117-122.
- 채영길 (2012). 한국 언론의 정파성과 국제커뮤니케이션 연구: 한국 언론의 한미 외교관계 논조 분석 사례를 중심으로. 언론과학연구, 12권 4호, 533-574.
- 채영길 (2013). 동북아 신냉전과 국제방송: 한국, 미국, 중국의 국제방송의 대북한 관련 뉴스 분석 연구. 커뮤니케이션학 연구, 21권 3호. 77-108.
- 최종환·김성해 (2021). 국제권력질서와 담론정치 :한미 언론의 '북한 악마화' 담론을 중심으로. 정치커뮤니케이션 연구, 60호, 31-82.
- Entman, R. (1991). Framing U.S. coverage of international news: Contrasts in narratives of the KAL and Iran Air incidents. Journal of Communication, 41(4), 6-27.

1장. 우크라이나 전쟁과 루소포비아

- 마수미, 브라이언 (2021) 《존재권력: 전쟁과 권력, 그리고 지각의 상태》, 최성희·김지영 옮김, 도서출판 갈무리.
- 메탕, 기 (2022) 《루소포비아: 러시아 혐오의 국제정치와 서구의 위선》, 김창진·강성희 옮김, 가을의 아침.
- 이지연 (2021) 〈루소포비아와 정동정치: 러시아 대외 정책의 변화와 디지털 공공외교 전략〉, 《외국학연구》, No. 56, 425-452.
- 이지연 (2022) 〈정치적 올바름입니까, 혐오입니까?: 루소포비아를 다시 생각한다〉, 《Diversitas》 제 30호, 고려대학교 다양성위원회.
- Bloomfield, S. (2014). "Ofcom Should be Looking Again at Putin's TV News Channel," The Guardian, 24 April. 2014 http://www.theguardian.com/comment-isfree/2014/apr/24/ukraine-russia-putin-news-reporting

- Dittmer, J. (2017). Diplomatic Material: Affect, Assemblage, and Foreign Policy. Duke University Press.
- Sakwa, R. (2012) "Conspiracy Narratives as a Mode of Engagement in International Politics: The Case of the 2008 Russo-Georgian War," Russian Review 71(4), 581-609.
- Velikaya, A., Simons, G. (Eds.) (2020) Russia's Public Diplomacy: Evolution and Practice, Palgrave Macmillan.
- Yablokov, I. (2015). "Conspiracy Theories as a Russian Public Diplomacy Tool: The Case of Russia Today(RT)," Politics 35(3-4). 301-315.

2장. 한국과 태국이 바라보는 미얀마 사태

- 윤진표 (2021). 《현대 동남아의 이해》, 제2판. 서울: 명인문화사
- http://www.ichannela.com/news/main/news_detailPage.do?publishId=000000056011
- https://www.bbc.com/thai/thailand-41236167
- https://waymagazine.org/aung-san-suu-kyi-and-rohingya-crisis/
- https://www.youtube.com/watch?v=rAOVCUXZhh0 (ชีวิตใต้ความขัดแย้ง "รัฐยะไข่" | 06-06-58 | ThairathTV)
- https://www.bbc.com/thai/60163964
- https://www.youtube.com/watch?v=KKE8yakTeS0&list=PLFSI5HpHGdTAseVYFKR0zEfbcjVELU7qo&index=2
- https://www.youtube.com/watch?v=46PJqxC6Qck
- http://www.ftoday.co.kr/news/articleView.html?idxno=212626
- https://www.hani.co.kr/arti/international/international_general/1042878.html
- https://www.yna.co.kr/view/AKR20210330068900076
- https://www.matichonweekly.com/hot-news/article_397944
- เผยข้อมูลอีกด้าน กลุ่มชาติพันธุ์เห็นด้วยรัฐประหารเมียนมา เอือม "ซูจี" บริหาร 5 ปี ไม่เจริญ (sanook.com)

3장. 유럽과 한국이 바라보는 난민 사태

- Berry, M., Garcia-Blanco, I., & Moore, K. (2016). Press coverage of the refugee and migrant crisis in the EU: A content analysis of five European countries. United Nations High Commission for Refugees.
- Georgiou, M., & Zaborowski, R. (2017). Media coverage of the refugee crisis: A cross-European perspective. Council of Europe.
- Greussing, E., & Boomgaarden, H. G. (2017). Shifting the refugee narrative? An

automated frame analysis of Europe's 2015 refugee crisis. Journal of ethnic and migration studies, 43(11), 1749-1774.

- Prez, C. R. (2017). News framing and media legitimacy: an exploratory study of the media coverage of the refugee crisis in the European Union. Communication & Society, 30(3), 169-184.
- Taylor, C. (2015). Migrant or refugee? Why it matters which word you choose. The Conversation, September, 2015. https://theconversation.com/migrant-or-refugee-why-it-matters-which-word-you-choose-47227
- 백일순·구기연. (2021). 국내 신문 기사로 살펴본 한국의 난민 이슈의 변동. 대한지리학회지, 56(2), 129-147.
- 신예원·마동훈. (2019). 국내 미디어에 재현된 '예멘 난민'의 양면: 〈조선일보〉와 〈한겨레신문〉 보도에 대한 비판적 담론분석. 미디어 경제와 문화, 17(2), 31-80.
- 이병하 (2018). 한국 난민 이슈의 정치화. 문화와 정치, 5(4), 33-68.

4장. 타자가 된 이슬람, 두려움을 키우는 미디어

- 김춘식·채영길·백강희 (2021). 국내 언론의 외신인용 보도 실태 및 개선방안 연구 (한국언론진흥재단 지정주제 연구보고서 2021-02). 서울: 한국언론진흥재단.
- 외교부 중동 지역 개관. URL: https://www.mofa.go.kr/www/wpge/m_3553/contents.do
- 이은별·이종명 (2017). 한국과 프랑스 방송뉴스의 이슬람 재현 비교연구: 2015년 11월 파리 테러를 중심으로. 한국소통학보, 16(4), 225-254.
- 이은별·이종명 (2022). 한국의 중동·아랍·이슬람 보도 지형: 빅카인즈를 이용한 국내 언론 보도(1990-2021) 분석. 한국언론정보학보, 통권 112호, 95-126.

5장. 이스라엘-팔레스타인 분쟁을 바라보는 서구의 눈

- Abdallah, S. L. (2022). "After Oslo: The Endless Dematerialized Borders of the." In A History of Confinement in Palestine: The Prison Web (pp. 203-245). Palgrave Macmillan.
- Akiva, E. (2014). "Abbas Should Change His Locks Before Next Wave of Palestinian Prisoners Freed", Haaretz, Dec 6. https://www.haaretz.com/2011-12-06/ty-article/abbas-should-change-his-locks-before-next-wave-of-palestinian-prisoners-freed/0000017f-def3-d3ff-a7ff-fff339c20000 (검색일: 2022년 10월 26일)
- Avraham, E. (2009). Marketing and managing nation branding during prolonged crisis: The case of Israel. Place Branding and Public Diplomacy, 5(3), 202-212.
- Bar-Tal, D. (1998). Societal Beliefs in Times of Intractable Conflict: The Israeli

Case, International Journal of Conflict Management, 9(1), 22-50.

- Cappella, J. N., & Jamieson, K. H. (1997). The Cognitive Bases for Framing Effects. New York: Oxford University Press.
- Deutsch, M. (1994). Constructive conflict resolution: Principles, training, and research. Journal of social issues, 50(1), 13-32.
- Entman, R. (1993). Framing: Toward clarification of a fractured paradigm. Journal of Communication, 43(4), 51-58.
- Galtung, J. (2002). 'Peace Journalism: A Challenge', in W. Kempf and H. Luostarinen (eds) Journalism and the New World Order vol. II: Studying War and the Media. Goteborg: NORDICOM, 259-272.
- Hassman, R. (2008). The Israel Brand: Nation Marketing under Constant Conflict. Tel Aviv: Tel Aviv University.
- Kempf, W. (2019). Concepts and conceptions of peace journalism. Conflict & Communication, 18(2), 1-11.
- McCombs, M. and Shaw, D. (1972). The agenda-setting function of mass media. Public Opinion Quarterly, 36(2), 176-187.

6장. 아프리카를 향한 왜곡된 시각, 빈곤 포르노

- Department of Communication, Seton Hall University, n.d. Communication ethics cases. [Online] Available at: http://pirate.shu.edu/~mckenndo/ethics%20cases-Starving%20Child%20Photo.htm[Accessed 30 May 2022].
- Halttunen, K. (1995). Humanitarianism and the pornography of pain in Anglo-American culture. The American Historical Review , 100(2), pp. 303-334.
- Holland, F. (2002). The Live Aid Legacy. Orbit: Voices from the Developing World, 82(14).
- Kim, S. (2018). Who watches Korean TV dramas in Africa? A preliminary study in Ghana. Media, Culture & Society, 40(2), pp. 296-306.
- Kim, S. (2020). Aggressive yet benign: Korea's engagement in creative industries in Africa. International Journal of Cultural Policy, 26(7), pp. 929-941.
- Lowry Nelson, J. (1962). Night thoughs on the Gothic Novel. Yale Review, 52 (1962) 236-57, Volume 52, pp. 236-257.
- Oberhofer, T. (1989). The Changing Cultural Discount Rate. Review of Social Economy, Volume 47, pp. 42-54.
- Plewes, B. & Stuart, R. (2007). The pornography of poverty: A cautionary fundraising tale. In: D. A. Bell & J. Coicaud, eds. Ethics in action: The ethical challenges of international human rights nongovernmental organizations. Cambridge: Cambridge University Press, pp. 23-37.
- The Commission of the European Communities, (1988). Image of Africa Project.

- [Online] Available at: http://www.imaging-famine.org/images_africa.htm[Accessed 1 November 2022].
- Voluntary Service Overseas (2001). The Live Aid Legacy: The Developing World through British Eyes, London: VSO.
- Wainaina, B. (2005). How to Write About Africa. Granta 92: The View from Africa, Winter.
- 김춘식·채영길·정낙원 (2015). 한국 미디어의 아프리카 묘사 방식과 수용자 인식에 관한 탐색적 연구. 국제지역연구, 18(5), pp. 219-252.

7장. 양국 언론에 비친 한국과 튀르키예

- Chong Jin OH (2013), "Constructing Culturally Proxmiate Spaces through Social Network Services: The Case of Hallyu(Korean Wave) in Turkey", Uluslararsi Ilisikiler Akademik Dergi,vol.10,no.38,2013.
- PWC (2014). Global Entertainment and Media Outlook 2014-2018
- OECD (2013). "Competition Issues In Television And Broadcasting, Contribution From Turkey". OECD. Retrieved 7 August 2013
- 튀르키예 언론광고원, www.bik.gov.tr
- TiAK(Televizyon Izleme Araştırmaları Anonim Şirketi), www.tiak.com.tr
- 텔레비전 시청율조사기관
- https://www.cumhuriyet.com.tr/
- https://www.sozcu.com.tr/
- https://www.hurriyet.com.tr/
- https://www.milliyet.com.tr/
- https://www.yenisafak.com/
- https://www.yeniakit.com.tr/

글로벌 미디어로 읽는 세계

초판 1쇄 발행 2024년 4월 10일

지은이 채영길, 이지연, 이채문, 김태식, 이은별, 백승훈, 김수원, 오종진

기획편집 도은주, 류정화
마케팅 박관홍

펴낸이 윤주용
펴낸곳 초록비책공방

출판등록 제2013-000130
주소 서울시 마포구 월드컵북로 402 KGIT 센터 921A호
전화 0505-566-5522 팩스 02-6008-1777

메일 greenrainbooks@naver.com
인스타 @greenrainbooks @greenrain_1318
블로그 http://blog.naver.com/greenrainbooks
페이스북 http://www.facebook.com/greenrainbook

ISBN 979-11-93296-23-3 (03070)

※ 이 저서는 2022년 대한민국 교육부와 한국연구재단의 지원을 받아 수행된
   연구임(NRF-2022S1A5C2A03093660)

어려운 것은 쉽게 쉬운 것은 깊게 깊은 것은 유쾌하게

초록비책공방은 여러분의 소중한 의견을 기다리고 있습니다.
원고 투고, 오탈자 제보, 제휴 제안은 greenrainbooks@naver.com으로 보내주세요.